77가지 이야기로 배우는

삶의 지혜

| 도다 도모히로 지음 |

MONO NO MIKATA GA KAWARU ZAYUU NO GUUWA
Copyright © 2017 by Tomohiro Toda
Original Japanese edition published by Discover 21, inc., Tokyo, Japan
Korean edition is published by arrangement with Discover 21, Inc.
through JM Contents Agency Co.

이 책의 한국어판 저작권은 저작권자와의 독점 계약으로 도서출판 THE 북에 있습니다.
저작권법에 의해 한국 내에서 보호를 받는 저작물이므로 무단 전재와 복제를 금합니다.

머리말

　이 책에 수록되어 있는 이야기의 대부분은 우화이다. 우화는 '동물 간의 대화, 행동 등을 예화로 들어 깊이 있는 내용이나 처세훈을 대중에게 인상 깊게 알리는 것을 목적으로 하는 이야기'《신명국어사전 6번째 개정판》(삼성당)라고 한다. 이솝우화나 불교우화, 장자의 우화 등이 대표적이다. 이 책에서는 우화뿐만 아니라 성서에 나오는 예수의 비유, 도덕(사람이 갖춰야 할 덕목), 일화, 우스운 이야기, 설화, 옛날이야기도 다루고 있다. 여러 가지 교훈을 얻을 수 있는 이야기를 통틀어서 '우화'라고 했다.

　우화의 목적은 교훈이나 진리 등을 전하는 것이다. 이야기는 내용을 전달해주는 '운송수단' 역할을 한다. 다르게 표현하자면 우화에서 교훈이나 진리가 핵심이라면, 이야기는 우화의 내용을 감싸는 '표면'이라고 볼 수 있다. 그런데 왜 이중구조를 가지고 있는 것일까? 교훈과 진리 안에는 쓴 말이 담겨 있어 그대로 받아들이기가 어렵다. 그래서 즐거운 이야기를 통해 교훈이나 진리를 독자에게 전해주는 것이다. 교훈이나 진리가 추상적이라면 이야기는 구체적인 내용을 담고 있다. 우화를 읽거나 듣는 사람들은 등장인물이나 동물에 동화되어 인생에 대한 인식을 넓힐 수 있다. 심리학자 제롬 브루너Jerome Seymour Bruner는 《Actual Minds, Possible Worlds》(교육이론의 새로운 지평)에서 인간이 가지고 있는 사고방식으로 '논리·과학 양식'(이치로 설명하는 방식)과 '이야기 양식'(이야기로 설명하는 방식)이 있다고 했다. 두 가지 양식 모두 서로를 보완하고 있어 어느 한쪽이 다른 한쪽보다 뛰어나다고는 할 수 없다.

  철학자 플라톤은 대화편 《티마이오스》(플라톤 전집 12)에서 우주 전체의 생성 과정에 대해 명확히 설명하는 것은 초인간적인 문제이며, 엄밀하고 합리적으로 이야기를 전개하는 것이 어렵기 때문에 '우화'를 통해 이야기를 듣는 것을 추천한다고 말했다. 그는 이치 또는 깊은 사색을 통해 전단할 수 없는 문제에 대해 인간이 전할 수 있는 유일한 수단이 바로 우화라는 것을 깨달은 듯하다.

  이 책은 학교 수업이나 회사 회의 시간에 활용할 수 있는 소재를 다뤘다. 긴 내용의 우화는 2분 안에 읽을 수 있도록 요약했다. 이해하기 힘든 이야기는 듣고 이해할 수 있도록 한자나 음독, 문체, 개행의 위치

등을 수정하여 간단하고 명확하게 표현했다. 여러 우화에서는 이야기 끝부분에 짧게 교훈을 짧게 덧붙이지만, 이 책에서는 일부를 제외하고는 군더더기를 없애고 해설 부분에서 설명한다. 이야기와 교훈을 하나로 묶어 독자에게 선보이면 부담이 덜할 것으로 생각했기 때문이다. 또한 이야기와 교훈 사이에 간격을 두어 독자가 '이 이야기는 무엇을 전달하려고 하는가?'를 자유롭게 생각할 수 있도록 했다. 책은 두 부분으로 나누어진다. 첫 번째는 가르침을 담고 있고, 두 번째는 무언가를 생각할 수 있게 하는 재료를 담고 있다. 나(저자)는 이 책을 쓰면서 동서 국가의 우화를 통해 재미를 발견했다. 그리고 우화를 통해 여러 가지를 생각했다. 이야기 끝부분에 추가된 문장을 읽어보면 내가 우화의 재료를 통해 무엇을 생각하고 연상했는지를 알 수 있을 것이다. 물론 나의 관점이나 해석이 정확하다고는 말할 수 없다. 하나의 관점과 해석에 지나지 않는다. 그러나 이 책을 통해 우화의 재미를 깨닫고 독자의 인생과 삶, 더 넓게는 세계를 향해 발돋움을 할 수 있는 지혜를 얻기 바란다.

   이 책에 수록한 우화는 내용을 보다 쉽게 전달하기 위해 부분적으로 표기나 표현이 수정되었다. 또한 본문에서는 현대에서 쓰이는 용어나 표현을 그대로 인용했다.

저자 올림

목차

1장 시야와 관점

01 여섯 명의 맹인과 코끼리 … 16
시야를 넓히고 사물을 다양한 시각으로 살펴보자

02 낙타 이야기와 물에 뜬 막대기 … 20
처음 본 인상은 정확하지 않다

03 오아시스의 노인 … 22
자세나 태도가 바뀌면 의식도 바뀐다

04 슬피 우는 할머니 … 25
당신의 '기쁨'은 누군가의 '불행'일지도 모른다

05 개미와 매미 … 29
성실한 개미가 될 것인가, 인생을 즐기는 매미가 될 것인가

06 산속의 나무와 기러기 … 31
쓸모있음과 쓸모없음을 떠나서

2장 폭넓은 인식과 유연한 사고

07 너 자신을 알라 … 38
모든 것을 알 수는 없다

08 도쿄에 사는 개구리와 오사카에 사는 개구리 … 42
안다고 생각할수록 시야는 좁아진다

09 나스라딘의 열쇠 … 46
이미 알고 있는 논리나 과거의 경험에서 벗어난 곳에 해답이 숨겨져 있다

10 쌍둥이의 운명   51
어떤 상황에서 무엇을 생각할지는 당신의 자유다

11 눈을 잃어버린 하마   55
일상생활 속에서 마음을 평온하게 하는 시간을 갖자

3장 깊은 사고와 정확한 판단

12 목자와 점쟁이   60
무책임한 의견에 흔들리면 안 된다

13 부부와 세 개의 떡   62
과거에 매이지 말고 지금 상황에 맞게 정확히 판단하라

14 낙타의 머리   64
순서가 바뀌면 중요한 것을 잃는다

15 북풍(北風)과 태양 I   66
신뢰가 사람을 움직인다

16 북풍(北風)과 태양 II   68
상황에 맞는 수단을 고르자

17 큰 돌멩이와 작은 돌멩이   70
먼저, 중요한 것에 시간을 사용하라

4장 총명함과 창의적인 일

18 두 명의 상인   76
귀찮음이 곧 일의 보람

19 차 석 잔   79
작은 배려

20 2즈워티 받는 일꾼 82
　　일은 하나를 물어보면 열을 대답하는 것이다

21 신발 세일즈맨 87
　　수요는 찾는 것이 아니라 만들어내는 것이다

22 콜레라균의 재발견 90
　　행운은 '총명함'과 창조적인 '넓은 마음'을 통해 찾아온다

5장 강한 조직의 정신

23 악인의 집 96
　　자신이 '나쁜 사람'이 되면 주변 사람은 '착한 사람'이 된다

24 통속에 든 와인 100
　　'나 하나쯤이야'라는 생각이 전체를 무너뜨린다

25 종달새의 이사 103
　　'나부터 한다'가 현장을 움직인다

26 수조 속의 꽁치 106
　　조직에 활력을 불어넣는 새로운 인재

27 고글 착용 108
　　문제에 대처하는 방법을 바꾸자

6장 일하는 자세와 일의 의미

28 반백(半白) 머리의 남자와 두 명의 애인 114
　　이성도 회사도 어울림이 중요하다

29 하늘이 주신 재능 117
　　재능은 사용하지 않으면 의미가 없다

30 포도밭의 일꾼 120
개인의 능력은 회사의 것이다

31 벽돌을 쌓는 세 명의 일꾼 123
눈앞에 있는 일의 목적을 생각해 본다

32 아이를 혼내는 부모 126
일하지 않고 편안한 인생을 살면 행복할까?

33 효율이 떨어지는 밭일 130
일의 묘미는 효율에만 있지 않다

7장 정의로운 마음과 공동체

34 천국과 지옥의 긴 젓가락 136
서로 싸우기 때문에 부족하게 된다

35 수박 도둑 139
'아무도 모르겠지'라는 생각이 파멸을 초래한다

36 백만 분의 일의 운명 142
아주 작은 힘이 모여 큰 힘이 된다

37 여우와 곰 145
당신은 남을 위해 무엇을 할 수 있는가?

38 돌가루수프 149
'나그네'가 지역 공동체에 하는 역할

8장 과학기술과 사회의 관계

39 개구리와 전갈 156
'알고는 있지만 그만둘 수 없는' 사람의 본성

40 원숭이와 우물에 비친 달   159
　　달은 바라보는 것이다

41 마법사의 제자   164
　　과학기술의 진보와 '바람직한 삶'

42 물레방앗간의 남자   169
　　과학이나 기술의 목적은 무엇인가

9장 인생의 도리와 감사

43 두 명의 나그네와 곰   176
　　손실과 이득이 없는 관계야말로 오래 간다

44 고슴도치 두 마리   178
　　적당한 거리가 좋은 인간관계를 만든다

45 사냥꾼과 새   180
　　자신을 돌아보고 현실을 겸허히 바라보자

46 보기 드문 행운   183
　　어렵기 때문에 '감사한 일'

47 어느 가족의 크리스마스   186
　　없는 것이 아니라 있는 것에 눈을 돌려라

10장 희망에 가까워지는 법

48 쓰러질 때까지   192
　　'조금만 더, 조금만 더'의 함정

49 코스타리카의 어부와 미국인 여행자   195
　　자신이 가지고 있는 것을 알고 쾌락을 유용하게 다뤄야 한다

50 세 가지 소원   199
행운을 잡기 위해서는 지혜가 필요하다

51 지옥   203
소망이 아닌 의지를 갖자

11장 배우는 마음가짐과 배우는 이유

52 힘 센 나무꾼   210
일하면서 배우고 배우면서 일한다

53 전병 반 조각   214
작은 변화를 무시하면 안 된다

54 빈 잔   216
겸손함은 배움의 원천

55 말과 개미의 지혜   219
겸허한 자세를 갖추면 언제나 배울 수 있다

12장 도전과 지속가능성

56 코끼리와 사슬   224
위험을 무릅쓰고 행동하는 용기를 가지라

57 교수형을 선택한 바보   227
미지의 세계를 두려워하지 말고 도전하라

58 개구리의 등산   230
소심함과 무모함의 사이에 있는 용기

59 하늘을 나는 말   234
곤란한 상황에도 '할 수 있다'고 말한다

60 생크림에 빠진 세 마리의 개구리 ······ 237
계속 행동하지 않으면 현재는 바뀌지 않는다

61 스승과 제자의 대화 ······ 239
지속할 수 있는 힘을 조절하는 것

13장 자신의 이야기를 쓰는 방법

62 해면을 짊어진 당나귀와 소금을 짊어진 당나귀 ······ 244
타인을 따라하지 말고 자신의 인생을 살아야 한다

63 삼 년 동안 잠만 자는 남자 ······ 247
혼자 틀어박혀서 자신을 지키는 힘

64 도시락 지름길 ······ 251
돌아가는 길을 즐겨라

65 두 명의 선승 ······ 254
집착하는 마음의 좋은 점과 나쁜 점

66 인간만사 새옹지마 ······ 257
좋은 일도 나쁜 일도 받아들이고 앞으로 담담히 나아가라

14장 삶과 죽음의 연결

67 염라대왕의 일곱 명의 사자(使者) ······ 262
지금이 인생의 마지막이라면 당신은 어떻게 살 것인가?

68 죽음의 의미 ······ 266
'죽음의 의미'는 논리로 알 수 없다

69 접붙이기 하는 노승 ······ 268
다음 세대까지 이어지는 인생을 살라

70 네 명의 아내 271
마음이 '현세'와 '내세'를 연결한다

71 유충과 잠자리 276
죽으면 어떻게 될까?

15장 어떤 상황에서든 세상만사를 생각하라

72 고마운 혹 284
가지고 있는 것을 세어보자

73 하물며 늙은이 286
완벽주의를 버리고 적당한 기준을 갖자

74 여우와 포도 288
불평보다 포기가 더 낫다

75 참는 것은 한 번 290
스트레스는 우선순위를 세우고 해결하라

76 당나귀와 부자(父子) 293
미움받는 것은 자유롭다는 증거이다

77 스님의 유언 297
'될 대로 될 것이다'라고 생각하기 전에

시야와 관점

NO. 01

여섯 명의 맹인과 코끼리

　어느 날 여섯 명의 맹인들이 코끼리를 만지며 그 정체를 알아내려고 했습니다.

　첫 번째 맹인은 코끼리의 코를 만지며 "코끼리는 뱀 같다."라고 말했습니다.

　두 번째 맹인은 코끼리의 귀를 만지며 "코끼리는 부채 같다."라고 말했습니다.

　세 번째 맹인은 코끼리의 다리를 만지며 "코끼리는 나무줄기 같다."라고 말했습니다.

　네 번째 맹인은 코끼리의 몸통을 만지며 "코끼리는 벽과 같다."라고 말했습니다.

　다섯 번째 맹인은 코끼리의 꼬리를 만지며 "코끼리는 줄과 같다."라고 말했습니다.

여섯 번째 맹인은 코끼리의 상아를 만지며 "코끼리는 창과 같다."라고 말했습니다.

그렇게 여섯 명의 맹인들이 큰 목소리로 논쟁을 하며 서로 자신의 의견이 맞다고 주장하며 싸웠습니다.

시야를 넓히고, 사물을 다양한 시각으로 살펴보자

맹인들이 만진 것은 코끼리의 몸 일부분에 지나지 않는다. 하지만 맹인들은 그 일부분이 코끼리의 전부라고 생각해서 논쟁을 벌였다. 우리는 이 맹인들을 보고, 마냥 웃을 수만은 없다. 우리 또한 사물이나 사람의 일부분을 보고 그것이 전부라고 착각하는 일이 있기 때문이다. 그러나 신이 아닌 인간이 파악할 수 있는 것은 전체의 일부분에 지나지 않는다. '나무를 보고 숲을 보지 못하는 것' 또한 어느 정도는 어쩔 수 없는 일이지만, 최대한 단편적으로 보지 않고 다면적인 시야로 사물이나 사람을 바라봐야 한다. 즉, 의식적으로 시야를 넓혀야 한다.

한 가지 덧붙이자면 하나의 시각보다 여러 개의 시야를 갖는 것이 중요하다. 하지만 '부분적인 총합은 전체가 될 수 없다.'는 것 또한 잊어버려서는 안 된다. 전체적인 시야에서 관찰하는 것은 개별적이거나 선형적인 관찰을 통해서는 절대 나올 수 없다. 전체적인 시야에서 관찰하는 것은 한자로 '상(像)'과 비슷한 것이다. 상은 사람의 마음속에 떠오르는 모양으로 전체적인 느낌이나 인상을 의미한다.

범죄수사에 활용되는 몽타주 사진과 범인을 닮은 캐리커쳐의 차이를 생각해보자. 몽타주는 목격자에게 범인 얼굴의 윤곽이나 머리, 눈썹, 눈, 코, 입 등을 떠올리게 해서 비슷한(목격자가 기억하고 있는 모습) 각 부분을 합성해서 하나의 얼굴 사진으로 만들어진다.

3억 엔 사건*이나 글리코 모리나가 사건**의 몽타주를 경찰서에서 본 적이 있는가? 최근에는 범죄수사에 몽타주는 자주 활용되지 않는다. 대신에 비슷하게 닮은 얼굴 사진이 사용되고 있다. 몽타주는 타인의 얼굴의 각 부분을 모아서 표현한 것이기 때문이다. 부분적으로는 굉장히 사실에 가깝지만 전체적으로는 알아보기가 힘들다. 목격자의 기억은 애매하지만 완성된 몽타주는 애매해서는 안 된다. 이것을 본 사람은 조금이라도 다른 부분이 있으면 '다른 사람'이라고 판단해버린다. 결과적으로 수집되는 정보는 적으며 범인 수사 가능성이 떨어지게 된다. 캐리커쳐는 정보전달의 폭에 있어 애매함은 있지만

---

* 3억엔 사건: 대다수의 일본인들이 기억하는 전대미문의 현금강탈 사건

** 글리코 모리나가 사건: 단순 납치로 여겨졌던 사건이 청산소다를 각 식품회사들이 생산한 제품들에 넣겠다는 협박 사건으로 발전한 사건

보다 범인의 특징을 몽타쥬보다 더 두드러지게 표현한다. 이것을 본 사람은 전체적인 이미지를 떠올려 직감력을 불러일으킨다. '어딘가 닮았어. 아닌가, 그래도 좀 닮았는데…….' 라는 생각이 든다. 결과적으로 정보가 쌓이게 되어 범인 수사로 연결되기 쉽다.

이 우화는 다른 의미로도 해석할 수 있다. 코끼리 모양을 사물이나 사람이 아닌 의미를 내포한 진리에 대한 것이라고 본다면 다른 교훈을 얻을 수 있다. 진리란 '예외 없이 들어맞으며 이외에 생각을 할 수 없는 지식이나 판단'이라고 볼 수 있다. 진리는 하나라고 볼 수 있다. 즉, 여섯 명의 맹인이 하는 이야기가 다른 것은 다시 말하자면 진리를 표현하는 방법이 다른 것에 불과하며 진리 자체가 다르다는 것은 아니다. 따라서 어느 한 명이 맞고 나머지 다섯 명이 틀렸다는 것이 아니다. 모두가 틀렸다는 것도 아니다. 모두 맞다고 볼 수 있다. 이렇게 생각하면 이 우화는 다른 견해를 가진 사람들이 서로 존중하고 공존하기 위한 원칙을 나타내는 것이라고는 볼 수 있을 것이다.

NO. 02

낙타 이야기와 물에 뜬 막대기

낙타를 처음 본 사람은 정체를 알 수 없는 낙타를 보고 도망갔습니다. 두 번째로 낙타를 본 사람은 낙타에게 다가갔습니다. 세 번째로 낙타를 본 사람은 용기를 내어 낙타에 장식 끈*을 매달았습니다. 익숙해지면 처음에 낯설었던 모든 것이 점차 아무렇지 않게 됩니다. 무섭고 기묘하게 보였던 것도 계속 보면 점점 익숙해집니다.

해안경비를 하고 있던 군인들이 멀리 바다 위에 떠 있는 무엇인가를 보고 "저기 무장한 군함이 있다!"라고 말했습니다. 시간이 지나면서 그 물체가 조금씩 가까워지자 처음에는 화선**으로 보였습니다. 점

---

* 장식 끈: 낙타 머리 위에서부터 입까지 재갈을 고정시키는 끈

** 화선: 불 밝힌 고기잡이배

점 더 가까이 다가오면서 작은 배, 나중에는 잡낭*으로 보였다. 결국 그것은 물에 뜬 막대기였습니다.

처음 본 인상은 정확하지 않다

 처음 봤을 때는 군함같아 보였지만 자세히 보니 막대기에 불과했다. '자세히 본다.'는 말에는 두 가지 의미가 있다. '몇 번이고 반복해서 보는 것'과 '멀리서가 아닌 가까이서 보는 것'이다. 처음 봤을 때 낙타는 무섭고 기묘한 생물이었지만 익숙해지면 애교가 많고 귀여운 생물이라는 것을 알게 된다. 간략하게 말하자면 처음 본 인상은 정확하지 않다는 것이다. 처음에는 군함으로 보였던 물체가 점점 가까이 올수록 '화선?', '작은 배?', '잡낭?'이라고 생각하게 된다. 그러나 결국엔 막대기였다. 즉, 멀리서 본 것은 정확하지 않다는 것이다.

 어느 국회의원이 "저 사람은 후지산 같은 사람이다."라고 비유한 이야기와 비슷하다. 후지산은 멀리서 보면 웅장하고 아름답지만 사실은 쓰레기가 많고 더럽다. 멀리서(관계가 없는 입장) 보면 훌륭하지만 가까이에서(밀접한 관계가 있는 입장) 보면 변변치 못하다는 이야기다.

---

* 잡낭: 잡다한 것을 넣는 가방

NO. 03

오아시스의 노인

어느 마을의 오아시스에서 한 노인이 앉아 있었습니다. 그곳을 지나가던 남자가 노인에게 물었습니다.

"지금 옆 마을로 가는 중인데, 그곳은 어떤 마을인가요?"

노인은 질문에 직접 대답하지 않고 되물었습니다.

"지금까지 경험한 마을은 당신에게 어떤 곳이었나요?"

남자는 얼굴을 찌푸리며 대답했습니다.

"몹쓸 인간들이 많아서 매우 더러운 마을이었습니다. 그래서 다른 마을로 가보려고 합니다."

노인은 말했습니다.

"당신이 그렇게 생각했다면, 옆 마을도 몹쓸 사람이 많은 더러운 마을일 것입니다."

잠시 후, 이전에 노인을 만났던 남자와는 다른 또 다른 남자가 찾아왔습니다.

그는 노인에게 같은 질문을 했습니다.

"옆 마을로 가는 중입니다. 그곳은 어떤 마을인가요?"

노인은 똑같이 되물었습니다.

"지금까지 경험한 마을은 당신에게 어떤 곳이었나요?"

남자는 활짝 웃으며 말했습니다.

"매우 친절한 사람들이 많고 깨끗한 마을이었습니다."

노인은 그의 대답을 듣고 말했습니다.

"그렇군요. 그렇다면 옆 마을도 친절한 사람이 많고 깨끗한 마을일 것입니다."

자세나 태도가 바뀌면 의식도 바뀐다

시점이나 시야와 비슷한 말로 관점이라는 말이 있다. 관점이란 '사물을 보는 자세나 태도, 입장'이라는 뜻이다. 두 명의 남자는 현실을 보는 태도가 달랐다. 현실은 여러 가지 사물이나 사람으로 구성되어 있어서 그 자체를 어떻게 인식하느냐에 따라 달라진다. 처음 등장한 남자가 현실의 부정적인 면을 바라보았던 반면, 두 번째 남자는 현실의 긍정적인 점을 바라보았다. 두 남자가 사귀고 있는 친구도 다를 것이다. 처음 등장한 남자는 못된 사람과 어울리고 두 번째 등장한 남자는 착한 사람과 어울렸다. 닮은 것은 끼리끼리 뭉치게 된다.

예를 들어 외국인에게 도쿄가 어떤 곳인지 물으면 도쿄의 전체에 대해 남김 없이 모두 대답하지 못할 것이다. 도쿄 자체는 '다면체'이기 때문이다. 평소에 자신이 도쿄의 어떤 면을 어떻게 인식하고 생활했는지에 따라 다르다. 인식이란 하나가 아니라, 사물을 보는 태도나 입장의 수만큼 존재한다. 태도나 입장이 바뀌면 인식도 달라지게 되는 것이다

NO. 04

슬피 우는 할머니

　남쪽에 위치한 사원 앞에서 자주 보이는 여성이 있었는데, 사람들은 그녀를 '슬피 우는 할머니'라고 불렀습니다. 그녀는 비가 오면 비가 와서 울고, 날씨가 좋으면 그 좋은 날씨 때문에 울었습니다. 비가 오든 맑은 날이든 상관없이 그녀는 항상 울고 있었습니다.

　어느 날, 이 상황을 이상하게 여긴 사원의 스님이 그녀에게 물었습니다.

　"당신은 왜 항상 울고 있나요?"

　"저에게는 아들이 두 명 있는데, 한 명은 신발을 팔고 다른 한 명은 우산을 팔고 있습니다. 날씨가 좋으면 우산을 사는 사람이 없어서 그 아들이 걱정되고, 비가 오면 신발을 사는 사람이 없어서 다른 아들이 곤란해질 것을 생각하면 어쩔 수 없이 눈물이 납니다."

스님은 고개를 끄덕이며 말했습니다.

"그렇군요. 그러나 그렇게만 생각하면 건강에 좋지 않습니다. 제가 평생 기뻐하며 감사하게 살아갈 수 있는 방법을 알려드리겠습니다."

할머니는 무릎을 꿇으며 부탁했습니다.

"그런 방법이 있다면 제발 가르쳐 주세요."

스님은 이렇게 설명했습니다.

"세상의 길흉화복은 서로 얽혀 있습니다. 복과 화는 반드시 교차합니다. 세상은 늘 행복으로만 이어지지 않지만, 불행만 계속되는 것도 아닙니다. 당신은 불행한 면만 보고 행복한 것은 전혀 생각하지 않으니 계속 울고 있는 것입니다. 날씨가 좋은 날에는 신발 가게에 손님이 많이 찾아와서 아들의 가게가 번창한다고 생각하세요. 비가 내리는 날에는 우산 가게에서 우산이 잘 팔린다고 생각하세요. 이렇게 생각하면 날씨가 좋을 때는 그 날씨를 즐기고, 비가 올 때는 그 비를 환영할 수 있을 것입니다."

'슬피 우는 할머니'는 스님의 말씀을 듣고 마음가짐을 바꾸어 행복하게 여생을 보냈습니다.

당신의 '기쁨'은 누군가의 '불행'일지도 모른다

어떻게 세상만사를 보는가에 따라 세상을 바라보는 관점이 달라진다. 관점이란 앞에서 다룬 〈오아시스의 노인〉 해설에도 설명한 바와 같이 사물을 보는 자세나 태도, 입장을 말한다. 신발을 파는 아들의 입장과 우산을 파는 아들의 입장으로 보면 세상을 바라보는 방법이나 마음가짐이 달라진다. 나는 어떤 사건이나 상황을 만나면 쉽게 좋은지 나쁜지 판단하는 편이다. 하지만 잘 생각해보면 '좋다, 나쁘다' 둘 다 말할 수 없는 상황이 대다수이다. 그 이유는 좋고 나쁨은 입장에 따라 다르기 때문이다.

예를 들어 태풍이 오면 대부분의 사람들이 우울해진다. 비와 거친 바람으로 옷이 젖거나 지하철이 늦어지거나 멈추는 일도 생긴다. 차를 타는 사람이 많아지면 길이 혼잡해진다. 그러나 태풍이 불어서 기뻐하는 사람도 있다. 태풍이 불면 많은 사람들이 외출을 꺼려 집에서 피자나 초밥 등을 시켜 먹기 때문에 가게의 배달 주문이 늘어난다. 그리고 교통이 불편해지기 때문에 택시 회사의 매출이 오른다. 생활용품을 파는 가게에서는 전지나 플래시, 줄, 시트 등이 대비용품이 많이 판매된다. 이러한 업계에 몸을 담고 있는 사람에게는 태풍은 '흉'이 아니라 '길'인 것이다.

또 하나의 예를 들어보자면, 인류의 멸종이라는 것은 인간(호모 사피엔스)이라는 종에 있어서는 가능한 한 미루고 싶은 사건일 것이다. 한편 지구상의 인간 이외의 종에 있어서는 희소식이 아닐 수 없을 것이다.

그 이유는 인간만큼 필요 이상으로 다른 종류의 생명을 빼앗는 종은 없기 때문이다. "지구 환경을 보호하기 위한 가장 빠른 방법은 인류의 멸종이다"라고 말하는 사람도 있다. 인류의 멸종은 인류에게 있어서 '흉'이지만 인류 이외의 종에게는 '길'인 것이다.

NO. 05

개미와 매미

어느 햇볕이 좋은 겨울날, 개미는 여름 동안에 모아둔 곡물을 땅굴에서 꺼내 말리고 있었습니다. 그때, 배고픈 매미가 다가와 말했습니다.

"배가 고프니, 먹을 것을 좀 줄 수 있을까요?"

개미가 물었습니다.

"여름 동안 무엇을 하며 시간을 보냈나요?"

매미는 대답했습니다.

"게으름을 피운 것이 아니에요. 계속 노래를 부르며 바쁘게 지냈죠."

개미는 웃으며 말했습니다.

"여름 내내 노래를 불렀다면, 겨울에는 춤을 춰보는 건 어떨까요?"

성실한 개미가 될 것인가, 인생을 즐기는 매미가 될 것인가

사람들이 잘 알고 있는 '개미와 베짱이'의 원작은 '개미와 매미'이다. 매미가 베짱이로 바뀐 이유는 무엇일까? 이솝우화의 배경은 그리스에서부터 시작된다. 그리스에서는 매미가 살았으나, 북유럽에서는 살지 않았기 때문에 우화가 그리스에서 북유럽으로 전해지는 과정에서 매미가 베짱이로 바뀌어 16세기 후반에 예수 선교회를 통해 일본으로 전해져 널리 퍼지게 되었다.

이 우화는 '여유 있을 때 미래를 대비하라. 그렇지 않으면 고통이나 위기를 맞게 된다.'는 교훈을 준다. 개미는 계획적이고 성실하지만, 매미는 계획이 없고 현실의 쾌락에 젖은 어리석은 존재로 등장한다. 그러나 이 우화는 다른 교훈을 주기도 한다. 개미는 항상 바쁘게 움직여 자신만 풍족해지기 위해 자기중심적으로 살지만, 미래를 걱정하느라 현재의 삶을 즐기지 못한다. 반면 매미는 예술을 사랑하고 삶 현재의 삶 자체를 즐긴다. 무엇이 맞고 틀린지는 문화나 시대상황에 따라 다르다. '저축'이 미덕이라고 생각하는 문화권은 개미를 응원하겠지만, '인생은 현재를 즐기는 것'이 미덕이라고 생각하는 문화권은 매미를 응원할 것이다. 빈곤한 사람은 개미를 응원하지만 풍족한 사람은 매미를 응원할 것이다.

NO. 06

산 속의 나무와 기러기

어느 날, 장자(중국 전국시대의 사상가)와 그그의 제자가 산속을 걷다가 무성한 잎과 가지를 가진 거목 아래에서 나무꾼을 만났습니다. 나무꾼은 나무 옆에 서서 어찌할 바를 몰라 하고 있었습니다. 장자가 이유를 묻자, 나무꾼은 "이 나무는 쓸모가 없습니다."라고 대답했습니다. 그러자 장자는 제자에게 말했습니다. "이 나무는 쓸모가 없기 때문에 자신의 수명을 다할 수 있구나."

이후 장자와 제자는 산을 빠져나와 장자의 친구 집에서 머물렀습니다. 친구는 기쁨을 표하며 종에게 기러기 요리를 준비하라고 지시했습니다. 종이 물었습니다. "두 마리 기러기 중 하나는 잘 울고 다른 하나는 울지 않습니다. 어느 새를 잡아 요리해야 할까요?" 주인은 "울지 않는 기러기를 잡아라."라고 지시했습니다.

다음 날, 제자가 장자에게 물었습니다. "어제 산속의 나무는 쓸모가 없어서 살아남았습니다. 그러나 이 집의 기러기는 쓸모가 없다는 이유로 잡혔습니다. 스승님은 쓸모 있는 것과 쓸모없는 것 중 어느 쪽을 선택하시나요?"

장자는 웃으며 대답했습니다. "글쎄, 나는 쓸모 있는 것과 쓸모없는 것 사이에서 중도를 선택해야 한다고 생각하네. 그러나 심지어 그 중도도 때로는 도움이 되지 않아. 어려움을 완전히 피할 수는 없다네. 무위자연의 길을 따른다는 것은 사람에게 칭찬받을 때도 있고 비난받을 때도 있다는 것이야. 때로는 용이 되어 하늘을 날고, 때로는 뱀이 되어 땅을 기어야 하네. 시간의 흐름에 따라 변화하며, 조화를 원칙으로 삼고 만물의 근원에 따라 인간 세상의 이치를 탐구하며, 만사에 지배당하지 않는 것이 중요하지. 그렇게 하면 어려움을 만날 일이 없을 것일세."

쓸모있음과 쓸모없음을 떠나서

이 이야기는 세 부분으로 나뉜다. 처음은 산 속의 나무가 쓸모없기 때문에 장수했다는 이야기로 '무용지용(無用之用)'의 사례를 보여주고 있다. '무용지용'이란, '쓸모없다고 생각하는 것이 오히려 크게 쓸모 있을 때가 있다.'는 뜻이다. 이를 장자 특유의 역설적인 말투로 설명했다. 다음으로 울지 않는 기러기가 쓸모없다고 해서 잡아 죽인 이야기로 '무용지용'이 성립하지 않는 사례를 보여주고 있다. 즉, '쓸모 있는 것이 낫다.'는 상식적인 생각을 보여주고 있다. 마지막으로 '쓸모있는 것과 쓸모없는 것 중 어느 것을 선택해야 좋은가?'라는 제자의 질문에 장자가 대답한 이야기다. 장자는 일단 '쓸모있는 것과 쓸모없는 것의 중간을 택해야 한다.'고 대답했지만 '중간도 사실 도움이 되지 않는다.'고 덧붙였다. '쓸모있는 것과 쓸모없는 것의 중간'은 어떤 입장일까? 이렇게 생각해보면 어떨까. '쓸모있음'과 '쓸모없음'은 때와 장소에 따라 달라진다. 따라서 '쓸모있음'을 택할지, '쓸모없음'을 택할지에 대한 막연한 질문에는 대답할 수가 없다. 나무는 쓸모없었기 때문에 수명을 다할 수 있었지만 기러기는 쓸모없었기 때문에 잡혔으므로, '쓸모 있다.'는 말의 의미를 상황에 맞게 신중하게 생각해야 한다.

그렇다면 '중간도 크게 도움이 되지 않는다.'고 말한 장자의 의중은 무엇일까? 장자의 대답은 '무위자연(無爲自然)'과 같다. '무위자연'이란 아무것도 꾸미지 않고 있는 그대로 맡긴다는 의미이다. 장자가 살았던 전쟁시대는 권력이 지배적인 난세였다. 따라서 세상을 안전하게 살아가기 위해서는 특정한 입장을 고수하는 것이 아니라 유연한 자세를 유지하는 것이 중요했다. 임기응변을 어떻게 사용하는가에 따라

난세를 극복할 수 있는지에 대한 여부가 정해진다. 무위자연의 길이 소극적으로 보이지만 장자의 철학은 난세에는 중요했던 인생의 지혜였던 것이다.

최근 과학기술계 학문은 쓸모가 있다고 판단하여 예산을 늘리지만, 인문계 학문은 쓸모가 없다고 판단하여 예산을 줄이는 경향이 있다. 이러한 경우 '누구에게, 어떠한 의미로 쓸모가 있는가.'를 신중하게 생각해볼 필요가 있다. 정치가가 말하는 '쓸모 있다.'는 뜻은 경제적으로 연결된다는 의미이다. 또한 우리는 이러한 '쓸모가 있다'와는 차원이 다른 '쓸모가 있다'가 있다는 것을 잊지 말아야 한다. 이것은 이 이야기에서 말하는 인간의 바람직한 삶으로 이어질 차원에서의 '쓸모가 있다'이다.

그렇다면 바람직한 삶이란 무엇일까? 이는 과학기술계 학문의 범위를 뛰어넘는 영역이다. 자연과학은 사실을 대상으로 하여 사실과 관련된 객관적인 지식을 탐구하는 학문이다. 가치나 도덕이나 윤리의 문제를 기본적으로 배제한다. 여기에서 윤리의 역할은 과학기술의 성과물을 확인하는 기능을 하는 것이다. 어떠한 과학기술을 생산해야 하는지에 대한 근본적인 부분이 사전에 다루어지는 경우는 거의 없다. 과학기술계 학문이나 파생된 제품 또는 체계는 하나의 전제(상식, 규범, 습관)를 두고 서서히 움직인다. 이러한 전제를 '정말 괜찮은 것인가?', '애초부터 전제가 잘못된 것은 아닌가?'하며 근본적으로 다시 묻는 것이 인문계의 학문인 것이다.

《학문을 권함》의 저자인 후쿠자와 유키치는 자연과학이나 경제학 등의 실학을 존중한 인물이다. 유키치의 입장에 대해 나카에 초민은 실용적이지 않은 학문도 존중하여 중국의 고전 등을 중시했다. 나카에는 모든 학문의 기본으로 철학이 필요하다고 생각해서 이렇게 말했다. "대부분 철학의 효용이란 눈에 보이지 않는다. 원래 국가에 철학이 없다는 것은 토코노마(객실인 다다미방의 정면 상좌에 바닥을 한 층 높여 만들어 놓은 곳)에 족자가 없는 것과 마찬가지로 그 국가의 품위를 떨어뜨리는 것이다. 철학이 없는 국민은 무엇을 하더라도 깊게 생각하지 못하여 천박한 생각과 행동을 하게 된다." 나카에 또한 '무용지용(無用之用)'에 대해 말한 것이 아닐까하는 생각이 든다.

넓은 인식과 유연한 사고

NO. 07

너 자신을 알라

　어느 날, 소크라테스의 친구 카이레폰은 신탁(신의 말씀)을 듣기 위해 신전에 갔다가 돌아와 "소크라테스보다 지혜로운 자는 없다"는 신탁을 전했습니다. 이 말을 들은 소크라테스는 신의 뜻이 무엇인지 알고 싶어졌습니다. 소크라테스는 자신이 지혜롭지 못하다는 것을 알고 있었기에, 이 신탁이 의미하는 바가 궁금했습니다. "내가 어떻게 지혜로운 사람이 될 수 있을까? 신은 도대체 무엇을 말씀하시려는 걸까?"라고 고민하며, 그는 지혜롭다고 알려진 사람들을 찾아가 그들의 지혜를 시험하기로 결정했습니다. 이를 통해 자신의 지혜와 비교해 보기 위함이었습니다.

　그러나 소크라테스가 지혜롭다는 사람들과 대화를 나누어 볼수록, 그들이 사람에게 가장 중요한 것이 무엇인지조차 제대로 알지 못한다는 것을 발견했습니다. 소크라테스는 자신이 모르는 것을 이들도 모르고 있음을 깨달았지만, 이들은 자신들이 알고 있다고 믿고 있었습니다. 이에 소크라테스는 다음과 같은 결론에 이르렀습니다: "자신과 그들이 모르는 것은 같으나, 나는 내가 모른다는 것을 인정하고 있으니, 이것이 신이 말씀하신 내가 그들보다 더 지혜롭다는 의미일 것이다."

모든 것을 알 수는 없다

철학자 소크라테스의 유명한 일화이다. 신만이 지혜로우며 인간은 지혜롭지 않다는 것이다. 인간의 지혜는 신에 비해 아무것도 아니며 자신의 무지를 자각하지 않는 인간은 어리석은 존재인 것이다. 소크라테스처럼 자신의 무지를 자각하는 사람이 현명한 사람이다. 사람들은 대부분의 것을 안다고 생각한다. 그러나 사실 아는 것보다 모르는 것이 압도적으로 많다.

스미스소니언 박물관의 연구원 T-아민은 파나마(중앙 아메리카에 있는 공화국)의 아마존 유역에 들어갔다. 그곳에 있는 70미터 정도의 나무를 밑에서 그을려서 나무에 있는 생물(대부분 곤충)을 떨어뜨려 생물의 종을 확인하고자 했다. 한 사람으로는 판단하기가 어려워서 연구원들의 협력을 요청했다. 연구 결과 그 중 4% 정도만 알고 있는 생물이었다. 나머지 96%는 미지의 생물이었던 것이다. 또 '박테리아를 제외한 생물의 수는 어느 정도일까.'에 대해 여러 생물 관련 연구결과가 보고된 바 있다. 이에 따르면 지상에는 약 650만 개의 생물 종류가 있으며, 바다에는 약 220만 개의 생물 종류가 있다는 것을 확인할 수 있었다. 합쳐서 870만 종류에 다다른다. 이는 지상의 86%, 바다의 91%의 생물 종류는 아직 발견되지 않았다는 것을 의미한다.

지구 밖의 세상 또한 동일하다. 지금까지 우주에 있는 물질이 대부분 지구에 있는 물질(원자)과 같은 것이라고 생각해왔다. 이 대전제는 NASA가 밝힌 우주탐사기의 관측에 의해 뒤바뀌었다. 우주에 있는 물질 중 우리가 알고 있는 물질(바리온이라 불린다)은 겨우 4%이다. 이 외의 96%는 우리들이 알지 못하는 것들이다. 이 수수께끼를 과학자들은 '암흑물질'(23%)과 '암흑 에너지'(73%)로 명명했다.〈우주는무엇으로 되어 있는 것인가?〉(무라야마히토시) 어떤 이름을 붙였든 간에 우리들이 알고 있는 것보다 모르는 것이 압도적으로 더 많다. 모든 것을 안다고 생각하는 사람은 어리석다. 아는 것보다 모르는 것이 더 많으며, 신이 아닌 사람이 알 수 있는 것은 일부분뿐이라고 생각하는 사람이 지혜롭다.

위 이야기는 사람이 인식할 수 있는 '분량'과 관련된다. 인간이 인식할 수 있는 '분량'에 대해 생각해보자. 질적이라는 관점으로 봤을 때, 인간의 인식은 만능이 아니라 인간 특유의 감각기관에 의해 한계가 지어진다. 실제 인간은 인간 특유의 시각 기관을 통해 여러 가지를 보고 있다. 인간은 다른 생물들과 다른 시각기관을 가지고 있으며, 다른 생물에게는 세상이 다른 모양으로 보인다. 예를 들어 잠자리의 시야는 360도이지만 인간처럼 입체적으로 보이지는 않는다. 다른 감각기관을 가지고 있는 것이다. 어둠 속을 다니는 박쥐는 인간과 다른 감각기관으로 세상을 바라보고 있다. 따라서 박쥐가 인식하는 세상과 사람이 인식하는 세상은 다르다. 즉, 생물의 감각기관은 각각 달라서 각 생물이 인식하고 있는 세상은 다른 것이다. 하지만 사람이 지각하고 있는 세상이 진짜이고 잠자리나 박쥐가 지각하고 있는 세상은 불충분하며 가짜라고 볼 수는 없다. 인간의 오만한 태도에 불과하다.

철학자 칸트는 이렇게 말했다. '인간은 존재하는 대상을 이성으로 인식하는 것이 아니라 인간의 인식 행위에 따라 대상이 존재한다.' 즉, 관찰자와 관련 없는 실체는 존재하지 않는다는 것이다. 우리들이 보고 있는 것은 '현상의 세계'로써, 대상 그 자체를 인식하는 것은 불가능하다. (물자체(物自體)의 개념)

NO. 08

도쿄에 사는 개구리와 오사카에 사는 개구리

　도쿄에 사는 개구리는 오래전부터 오사카를 구경하고 싶어 했습니다. 봄이 되자, 개구리는 마침내 오사카로 가기로 결심하고 서쪽을 향해 길을 떠났습니다. 그가 천왕산을 향해 오르고 있을 때, 오사카에 사는 개구리도 도쿄를 구경하고 싶다는 오랜 소망을 이루기 위해 동쪽으로 발걸음을 옮겼습니다. 그 결과, 두 개구리는 천왕산의 정상에서 우연히 만났습니다.

　"이렇게 멀리 왔는데, 아직 목적지까지는 멀었네. 발목을 삐지기라도 하면 어쩌나 걱정되." 하고 도쿄 개구리가 말했습니다. 천왕산 정상은 유명해서, 여기서는 도쿄와 오사카가 한눈에 보였습니다.

　두 개구리는 잠시 다리를 쭉 펴고 기지개를 켜며 쉬었습니다. 그들은 서로를 바라보며, 각자의 고향을 향한 눈길이 닿았습니다.

도쿄 개구리는 말했습니다. "난바(오사카의 번화가)에 대해 들었던 이야기와 도쿄가 별반 다르지 않아 보이네. 이렇게 멀리 와서 보니, 굳이 오사카까지 갈 필요가 없을 것 같아. 지금이라도 돌아가야겠다."

오사카 개구리도 대답했습니다. "도쿄도 듣던 것과 크게 다르지 않네. 나 역시 고향으로 돌아가야겠어."

그러고 나서 두 개구리는 천천히 고향으로 돌아갔습니다. 서로를 바라보며 이야기를 나눴지만, 그들의 등에 달린 눈은 각자의 고향을 향하고 있었습니다.

안다고 생각할수록 시야는 좁아진다

도쿄 개구리도 오사카 개구리도 지레짐작을 한 것이다. 지레짐작이란 '물어보지 않고 안다고 생각하는 것', '충분히 확인하지 않고 마음대로 생각하는 것'이다. 누구라도 한두 번 정도는 대화를 하면서 지레짐작한 경험이 있을 것이다. 지레짐작은 인간관계를 망칠 수 있다. 지레짐작하지 않기 위한 방법은 세 가지다. 첫 번째는 '집중해서 잘 듣는 것'이다. 무언가 다른 것을 하면서 또는 다른 것을 생각하면서 이야기를 듣는 것은 금물이다. 두 번째는 '말을 끝까지 듣는 것'이다. 도중에 이야기에 끼어드는 것은 무엇보다도 상대방에게 실례가 된다. 이는

2장 | 폭넓은 인식과 유연한 사고

지레짐작의 원인이 되기도 한다. 세 번째는 '확인하는 것'이다. 자신이 이해한 내용을 알리면서 이해한 부분에서 문제가 없는지 확인하는 것이다.

'듣는 것'뿐만 아니라 '보는 것'에도 지레짐작하는 경우가 있다. 사물이나 사람을 '잘 보는' 일은 어려운 일이다. 알면 알수록 보인다는 말과 다르다. 문예평론가 고바야시 히데오는 지식이 많을수록 새롭게 알아가는 기회를 줄어들게 한다고 말했다. 그는 지식이 새로운 통찰력을 방해한다고 한다. '보는 것은 말하는 것과는 다르다.' 즉, 말은 눈을 가린다. 예를 들어 어떤 사람이 들판을 걷다가 아름다운 꽃 한 송이가 피어있는 것을 보았다. 꽃을 보니 제비꽃이었다. "뭐야, 제비꽃이었어."라고 말하는 순간 꽃의 모양과 색을 보지 않게 된다. 이 사람은 속으로 말을 한 것이다. 제비꽃이라는 말이 마음속에 들어오자, 눈을 감은 것이다. 이처럼 말을 하지 않고 본다는 것은 어려운 일이다. (출처: "아름다움을 추구하는 마음")

어느 장소에 그림이 있었다. 5초 안에 그림의 제목을 보고 해설을 읽기 시작한다. 제목과 해설로 그림을 이해한 듯한 느낌이 들어서 마지막에 한 번 더 그림을 슬쩍 훑어본다. 그리고 바로 다른 그림으로 눈을 돌린다. 화가(예술가)는 감각적으로 세상의 진리나 본질을 표현하는 사람이다. 화가가 그림을 그리는 것은 말로 설명할 수 없는 것을 표현하고 싶기 때문이다. 진, 선, 미, 영원, 사랑, 신, 무존재, 시간, 공간

등을 말로 설명하는 것은 불가능하다. 말로 표현할 수 없는 세상을 드러낸 것이 그림인데 제목과 해설을 읽는 것으로 끝내버리기엔 너무 아까운 일이다.

NO. 09

나스라딘의 열쇠

　어느 날, 나스라딘은 자신의 집 앞에서 열심히 땅을 파고 있었습니다. 이 광경을 본 친구가 궁금해하며 물었습니다.

　"무엇을 찾고 있는 거야?"

　나스라딘은 대답했습니다. "열쇠를 찾고 있어."

　친구는 나스라딘을 돕기 위해 무릎을 꿇고 같이 열쇠를 찾기 시작했습니다. 하지만 아무리 찾아도 열쇠는 나타나지 않았습니다. 결국 친구가 다시 물었습니다.

　"어디서 열쇠를 잃어버렸는지 정확히 말해봐."

　나스라딘은 조금 주저하다가 대답했습니다. "집 안에서 잃어버렸어."

　"그런데 왜 밖에서 열쇠를 찾고 있어?" 친구가 의아해하며 물었습니다.

　나스라딘은 빙그레 웃으며 말했습니다. "집 안은 너무 어두워서 찾기 어려워. 여기 밖은 훨씬 밝아서 찾기가 더 쉬우니까."

이미 알고 있는 논리나 과거의 경험에서 벗어난 곳에 해답이 숨겨져 있다.

　나스라딘은 집 안에서 열쇠를 잃어버렸다. 그렇다면 집 안에서 열쇠를 찾는 것이 이치에 맞다. 그러나 나스라딘은 집 밖에서 열쇠를 찾고 있었다. 집 안은 어두워서 찾기 어렵고 집 밖은 밝아서 찾기 쉽다고 말했다. 참으로 어리석은 이야기다. 그러나 우리는 나스라딘의 행동을 보고 마냥 웃을 수만은 없다. 어떤 사람이 사업을 시작했다고 생각해보자. 보통 사람들은 사업 아이템을 찾으려고 할 때 자신의 위치에서 밝은 곳, 곧 자신이 알고 있는 분야, 일하기 쉬운 분야에 도전하고자 한다. 하지만 이렇게 접근해서 사업을 성공시킨 사례는 적다. 새로운 일은 이전에 알고 있던 논리나 과거의 경험에 꼭 들어맞지 않는 영역으로부터 탄생한다. 지금까지 알고 있던 상식을 벗어난 곳에 존재한다. 이전 사례가 없기 때문에 새로운 일으로 탄생할 수 있는 것이다.

경영학자 헨리 민츠버그의 《H. 민츠버그 경영론》의 제2장에 보면 '계획은 좌뇌로, 경영은 우뇌로'라는 이야기가 있다. 그는 좌뇌의 움직임을 '밝음', 우뇌의 움직임을 '어둠'으로 들어 경영의 중요한 핵심은 좌뇌가 아닌 우뇌에 있다고 주장한다. 잘 알려진 바와 같이 좌뇌의 움직임은 분석적·연쇄적이며 시각 등의 감각적인 이미지를 파악한다. 그가 말하고자 하는 것은 다음과 같다. 지금까지 우리는 경영의 핵심을 '논리적인 분석'이라는 밝은 곳에서 찾아내려고 했다. 그러나 경영의 핵심은 직관적인 암흑 속에 머물러있다. 경영자나 매니저가 밝은 곳에서만 경영의 핵심을 추구한다면 발전의 가능성은 적을 것이다. 뛰어난 경영자나 매니저는 우뇌의 움직임과 좌뇌의 움직임을 효과적으로 융합시키는 것이 가능한 사람이다.

야마구치 슈의《세계의 리더들은 왜 직감을 단련하는가》라는 책에서 '1등 기업들은 왜 미의식에 주목하는가?'라는 질문에 야마구치는 이렇게 대답했다. "'분석', '논리', '이성'을 밑바탕으로 하는 경영, 즉 '과학 중심의 의식 결정'을 통해 오늘날과 같이 복잡하고 불안정한 세상에서 비즈니스를 이끌어나가는 것은 불가능하다." 엘리트들은 이성뿐만 아니라 미의식이나 감성을 추구한다는 것이다. 그런데 그 이유는 무엇일까?

첫 번째는 많은 사람들이 분석적이고 논리적인 정보 처리 기술을 익혀, 정확한 상품을 추구하기 때문이다. 여기서 상품이란 일반화되어 차별화가 어려운 제품이나 서비스를 뜻한다. 즉, 논리적이며 이론적인 정보 처리로 얻을 수 있는 것은 결국 '타인과 동일한 해답'이며 이것만으로는 타사와 차별화를 두기는 어렵다.

두 번째는 오늘날과 같이 복잡하고 불안정한 세상에서 논리적이고 이성적인 것은 한계가 있기 때문이다. 문제해결 능력이나 상상력의 마비 상태, 의사결정의 교착상태를 불러일으켜 결과적으로 경영을 하는 데에 있어 감이 떨어지게 된다.

세 번째는 세계가 경제성장으로 발전하면서 거대한 '자기실현 욕구의 시장'도 같이 발전하기 때문이다. 이렇게 되면 '타인에게 인정받고 싶은 마음', '자기실현을 하고 싶은 마음'이라는 욕망을 잘 다루는 것이 보다 중요해진다. 이러한 욕망을 채우는 상품이나 서비스를 만들 수 있는지 없는지에 대한 여부는 리더의 미의식이나 감성의 수준으로 좌우된다.

네 번째는 사회의 변화에 맞춰 법률이 따라가지 않기 때문이다. 외재적으로 이미 문명화되어 있는 법률이나 규칙만을 의지하는 것이 아니라, 내재적으로 '진선미'를 판단하기 위한 기준(논리나 미의식)을 의지하는 경영이 필요하다.

미의식, 미적 가치, 미의 본질 등에 대해 고찰하는 것이 '미학'이라는 학문이다. 미학이 인문학계에 속한다는 것은 말할 것도 없다. 엘리트에게 미의식은 빼놓을 수 없는 것임을 감안해보면 인문학계의 학문이 도움이 되지 않는다는 것은 큰 문제라는 것을 알 수 있다.

NO. 10

쌍둥이의 운명

　어느 도시에서 혹독한 환경 속에서 자란 쌍둥이 형제가 있었습니다. 그들의 아버지는 마약 상습자였으며, 술에 취해 자주 어머니와 아들들에게 폭력을 휘둘렀습니다. 쌍둥이가 성인이 되어 30대에 접어들었을 때, 한 심리학자가 이 형제에게 인터뷰를 요청했습니다.

　한 명의 쌍둥이는 약물 중독자가 되어 사회 복지 시설에서 생활하고 있었고, 그의 폭력적인 행동 때문에 결국 아내와 아이들도 그를 떠났습니다. 심리학자가 그에게 물었습니다:

　"당신은 왜 자신과 가족을 해치려고 했나요?"

　그는 답했습니다:

　"그런 가정에서 자란 내가 다른 무엇을 할 수 있을 거라고 기대하는 건가요?"

다른 한 명의 쌍둥이는 사업가로서 큰 성공을 이루었고, 행복한 결혼생활을 하며 훌륭한 부모가 되었습니다. 심리학자가 그에게 물었습니다:

"당신은 어떻게 이렇게 성공할 수 있었나요?"

그는 대답했습니다:

"그런 가정에서 자란 내가 이것 말고는 다른 살 길이 없었으니까요."

어떤 상황에서 무엇을 생각할지는 당신의 자유다

이 쌍둥이가 자란 가정환경은 누가 봐도 좋은 환경은 아니다. 대부분 동일한 유전자를 갖고 동일한 환경에서 자란 쌍둥이라면 커서도 비슷한 삶을 살게 될 것이라 생각된다. 그러나 쌍둥이의 형제는 커서 180도 다른 삶을 살고 있었다. 어떻게 된 일인가? 부정적으로 보이는 사건이라도 그 사건 자체는 중립에 서있다. 그 사건을 어떻게 해석하는지는 자유다. '반면교사'(사람 혹은 사물 등의 부정적인 면에서 얻는 깨달음이나 가르침을 주는 대상)라는 말이 있다. 보고 배우지 말아야 할 것으로 나쁜 본보기가 되는 인물이나 사물을 뜻한다. 쌍둥이 중 한 명은 자신의 아버지를 반면교사로 두지 않았다. 아버지의 나쁜 점을 따라하면서 결과적으로 아버지와 동일한 삶을 선택했다. 이에 비해 다른 한 명의 쌍둥이는 자신의 아버지를 반면교사로 삼아 아버지와 다른 삶을 선택했다.

인간과 동물을 나누는 기준은 무엇인가? 그것은 선택의 자유를 갖고 있는가, 없는가이다. 동물은 외부의 자극에 대해 일정한 반응을 보이지 않는 반면, 인간은 자극이나 반응에 대해 선택할 수 있는 자유가 있다. 사건과 대응 속에서 선택의 자유가 있다는 말이다. 따라서 무언가에 자극을 받아도 동일한 반응을 보인다고 할 수 없으며, 어떤 사건이 일어났을 때 역시 동일한 반응을 보인다고 할 수 없다. 어떤 대응을 할지는 본인이 고려하여 선택할 수 있다.

스티븐 코비는 《성공하는 사람들의 7가지 습관》에서 "인간은 다른 동물이 가지고 있지 않은 자각, 상상력, 양심, 자유 의지 등의 독특한 성질을 갖고 있기 때문에 자극에 대해 자신의 반응을 선택할 자유를 가지고 있다."고 말한다. 자각이란 자신의 상황을 객관적으로 바라보는 힘이다. 상상력이란 현재 상황을 넘어서는 지점에서 사물을 생각하는 힘이다. 동물에게는 현재만 있지만 인간은 현재뿐만 아니라 과거나 미래를 생각할 수 있다. 동물은 보이는 것만 볼 수 있다. 인간은 보이는 것뿐만 아니라 보이지 않는 것도 볼 수 있다.(상상할 수 있다.) 양심이란 선과 악, 옳고 그름을 판단하여 바람직한 행동을 하고자 하는 마음의 움직임이다. 자유의지란 사람에게 구속당하지 않고 '나는 이렇게 하고 싶기 때문에 이렇게 한다.'라고 말할 수 있는 힘이다. 아무리 현명한 동물이라도 이러한 특성을 갖고 있지 않다.

NO. 11

눈을 잃어버린 하마

하마가 강을 건너다가 한쪽 눈을 잃었습니다. 필사적으로 눈을 찾기 시작한 하마는 앞뒤, 왼쪽, 오른쪽, 여기저기를 뒤졌지만 눈을 찾을 수 없었습니다. 강변에 모인 새들과 다른 동물들은 하마에게 잠시 쉬면서 찾을 것을 조언했습니다. 그러나 눈을 영영 잃을까 봐 두려워한 하마는 쉬지 않고 계속해서 눈을 찾아 헤맸습니다. 그러나 결국 눈을 찾지 못했습니다.

마침내 지쳐서 강가에 주저앉은 하마는 움직임을 멈췄습니다. 그제야 하마가 휘젓고 다녀서 탁해졌던 물이 가라앉기 시작했고, 진흙이 가라앉으면서 물이 맑아졌습니다. 그 맑은 물 속에서 하마는 잃어버린 눈을 발견할 수 있었습니다.

일상생활 속에서 마음을 평온하게 하는 시간을 갖자

컵 안에 흙탕물을 놔두면 흙이 가라앉으면서 물과 흙으로 나누어진다. 이 현상은 주로 참선에서 예로 드는 내용이다. 참선에서 말하는 선(禪)이란 무엇일까? 원래 인도의 옛날 말(팔리어) '쟈나(jha-na)'에서 유래되었다고 한다. '쟈나'란 마음을 평온하게 갖는다는 뜻이다. 갈색 흙탕물 상태는 바쁜 와중에 발버둥치는 일상과 같다. 마음을 평온하게 하고 사람의 마음을 뒤집어 놓는 흙탕물을 가라앉혀보자.

참선을 하지 않아도 우리들은 매일 일상 속에서 '마음을 평온하게 하는 시간' 즉, '멍을 때리는 시간'을 가질 수 있다. 아침에 플랫폼에서 전철을 기다리는 시간, 식당에서 음식이 나오기를 기다리는 시간, 신호등이 파란 불로 바뀌는 것을 기다리는 시간, 엘리베이터에서 목적지 층에 향하는 시간, 이 시간들은 '멍을 때릴 수 있는 시간'이다. 하지만 오늘날은 스마트폰을 만지면서 이러한 시간을 허비하고 있다. 아무 것도 생각하지 않고 멍하게 있는 시간이야 말로 정신을 깨울 수 있다는 이야기를 줄곧 듣는다. 책상에 앉아서 머리를 쥐어뜯을 때, 컴퓨터 앞에 앉아 몸부림칠 때에는 정신을 바짝 차릴 수 없다. 정신이 반짝 드는 순간은 바쁜 사람을 싫어한다. 멍 때리는 사람을 좋아한다.

'불교와 관련된 말 중에 '칠주일좌(七走一座)'와 '일일일지(一日一止)'라는 말이 있다. 〈걱정거리 90%는 일어나지 않는다〉(마스노 토시아키 지음) '칠주일좌(七走一座)'는 '일곱 번 달렸다가, 한 번은 앉아라'이란 말로, 일곱 번을 달렸으면 한 번은 쉬어야 한다는 뜻이다. 우리는 계속 달리지 않으면 동료가 쫓아온다고 생각한다. 그러나 넓게 보면 계속 달리는 것은 좋은 것이 아니다. 어느 정도 달리면 앉아서 휴식을 취하고 자신의 달린 길을 되돌아 보는 것이 현명하다. '일일일지(一日一止)'는 하루 중에 한 번은 멈추라는 의미이다. 계속 걷는 것이 아니라 하루에 한 번쯤은 자신의 걸음을 점검해보는 것이다. 이렇게 함으로써 바람직한 걸음을 만들어갈 수 있다. '중지(中止)' 이라는 글자를 보라. 지(止) 위에 일(一)을 더하면 바를 정(正)이 된다. 하루에 한 번은 휴식을 취하고 자신을 돌아보는 것이 바람직한 것이다.

깊은 사고와
정확한 판단

NO. 12

묵자와 점쟁이

　　어느 날, 중국 춘추전국시대의 사상가인 묵자는 북쪽에 있는 나라로 여행을 떠났습니다. 그의 여정 중에 점쟁이를 만났는데, 점쟁이는 묵자에게 경고했습니다. "선생님은 기운이 좋지 않으니, 북쪽으로 가는 것은 좋지 않습니다."

　　하지만 묵자는 점쟁이의 말을 듣지 않고 계획대로 북쪽으로 향했습니다. 그러나 그는 목적지에 도달하기 전에 여러 어려움을 겪고 도중에 돌아왔습니다. 점쟁이는 묵자를 만나 다시 한 번 말했습니다. "북쪽에 가지 않는 것이 좋다고 말씀드렸지요."

　　묵자는 점쟁이에게 이렇게 반론했습니다. "당신의 말은 근거 없는 미신일 뿐입니다. 만약 당신의 말을 믿는다면, 세상에서 길을 걸을 수 있는 사람은 아무도 없을 것입니다."

무책임한 의견에 흔들리면 안 된다

묵자가 목적지에 다다르지 못했던 것은 강이 범람했기 때문이라고 추측할 수 있다. 결과만 보면 점쟁이의 조언을 따랐다면 헛걸음을 하지 않았을 것이다. 하지만 강이 범람할 때는 누구나 강가를 건너려고 하지 않는다. 묵자는 점쟁이의 비논리성을 따진 것이다. 자신의 중요한 진로를 점쟁이의 미신같이 무책임한 의견에 흔들리면 안 된다는 것이 이 이야기의 교훈이다. 점쟁이는 미신(생년월일, 손금, 카드)같은 것에 의미를 두거나 우연을 필연으로 해석한다. 어느 쪽이어도 좋은 것, 즉 오늘 입고 갈 옷의 색은 점쟁이에게 맡겨도 좋다.

그러나 인생의 중대한 선택들은 전문가에게 조언을 구해야 한다. 하지만 그것도 한낱 조언에 지나지 않는다. 무엇을 택하고 무엇을 피할 것인지 최종결정은 타인이 아니라 바로 자기 자신이 하는 것이다. 선택한다는 것은 책임을 진다는 것이다. 타인에게 자신의 진로를 결정하게 하는 것은 자신의 인생에 대한 책임을 지지 않는다는 뜻이다.

NO. 13

부부와 세 개의 떡

어느 부부에게 세 개의 떡이 있었습니다. 두 사람은 각자 하나씩 먹고 남은 한 개의 떡을 어떻게 나눌지 고민하게 되었습니다. 그래서 한 사람이 제안했습니다. "남은 떡은 먼저 말을 하는 사람이 먹지 못하도록 하자." 이에 두 사람은 말 한마디 하지 않고, 손짓과 몸짓만으로 서로 의사소통을 하며 침묵을 지키기로 했습니다.

그날 밤, 집에 도둑이 들었습니다. 부부는 약속 때문에 말을 할 수 없었기에, 도둑이 집안을 마음대로 돌아다니는 동안 아무 말도 하지 못했습니다. 도둑은 이 상황을 이용해 여자에게 폭력을 행사하기 시작했습니다. 아내는 결국 참지 못하고 소리쳤습니다. "당신, 도둑이 들어왔는데 떡 하나 때문에 말을 안 하다니, 이게 무슨 상황이에요?"

그러자 남편은 즉시 대답했습니다. "이제 떡은 내 거야!"라며 박수를 치며 기뻐했습니다.

과거에 매이지 말고 지금 상황에 맞게 정확히 판단하라

이 우화는 '대부분의 사람은 작은 이익(명예)에 매여 크고 중요한 것을 잃는다.'는 교훈을 담고 있다. 작은 이익이란 떡을 먹는 것이고, 큰 것은 아내와 재물이다. 남편은 무엇이 중요하고 무엇이 중요하지 않은지 판단하지 못한 것이다.

또한 이 우화는 과거에 매이지 말고 지금 상황에서 정확히 판단하는 것이 중요하다고 말하고 있다. 남편은 과거의 약속에 사로잡혀 중요한 것을 잃을 뻔 했다. 과거에 결정한 것에 매여서 살면 안 된다. 예를 들어, 당신이 10년 정도 지속해왔던 것을 '이제 그만 할래.'라고 생각한 순간, 주변에서 '지금까지 투자한 시간이나 돈이 아깝다.'고 조언할 수도 있다. 이것을 지속할 것인가 말 것인가는 자신이 정해야 한다. 지금까지 지속해왔으니까 앞으로도 지속해야 된다는 법은 없다. 스스로 결정하면 된다. 자신의 인생에 책임을 질 수 있는 것은 자신뿐이기 때문이다.

NO. 14

낙타의 머리

어느 마을에 어리석은 남자가 살고 있었습니다. 그는 어느 날, 병 안에 곡식을 넣어 낙타에게 먹이기로 했습니다. 낙타는 병 속으로 머리를 넣어 곡식을 먹기 시작했지만, 곡식을 다 먹은 후에는 머리를 병에서 빼내지 못했습니다. 남자는 이 상황에 매우 당황했습니다.

그때, 지혜로워 보이는 한 노인이 다가왔습니다. 노인은 말했습니다.

"걱정하지 마세요. 좋은 방법이 있습니다. 내가 말하는 대로 따라 하면 낙타의 머리를 병에서 빼낼 수 있습니다. 먼저, 낙타의 목을 자르세요."

남자는 노인의 말을 믿고 낙타의 목을 잘랐습니다. 그리고 노인이 다음 지시를 내렸습니다.

"이제 그 병을 깨뜨리세요."

남자는 병을 두드려 깨뜨렸고, 그 결과 낙타의 머리를 병에서 꺼낼 수 있었습니다.

순서가 바뀌면 중요한 것을 잃는다

노인의 말대로 낙타의 목을 자른 후 병을 깨뜨린 결과, 남자는 병과 낙타 모두 잃게 되었다. 이 이야기의 교훈은 '어려운 상황에 맞닥뜨렸을 때 앞뒤 분별없이 문제를 해결하면 모든 것을 잃게 된다.'는 것이다. 병을 '일이나 돈', 낙타를 '목숨이나 건강'으로 생각해도 좋다. 일이나 돈은 잃어도 다시 찾을 수 있지만 목숨이나 건강은 그렇지 않다.

또한 모든 일에는 순서가 중요하다는 교훈을 얻을 수 있다. 처음부터 병을 깨뜨렸다면 낙타를 죽이지 않아도 되었다. 먼저 낙타의 목을 자르고 다음으로 병을 깨는 것은 잘못된 순서이다. 이런 농담도 있다. 어느 한 인색한 남자가 득의양양하게 말했다. "휴지를 한번 쓰고 버리는 것은 아깝다. 먼저 코를 풀고 말려서 엉덩이를 닦아야 한다." 이것을 현명하다고 생각하는 사람은 바보이다.

NO. 15

북풍(北風)과 태양 I

　북풍과 태양은 누가 더 강한지를 겨루기로 했습니다. 그들은 나그네의 옷을 벗기는 자가 승자가 되기로 합의했습니다. 먼저 북풍이 시도했습니다. 북풍은 강렬하게 바람을 불었지만, 나그네는 추위에 옷을 더욱 꽉 감쌌습니다. 북풍이 더 세게 불어댈수록 나그네는 옷을 더 겹쳐 입었습니다. "아, 추워! 못 참겠군. 옷을 더 껴입자."라고 나그네는 말하며 입고 있던 옷 위에 또 다른 옷을 껴입었습니다.

　북풍은 실망하며 태양에게 기회를 넘겼습니다. "이제 네 차례야."

　태양은 나그네에게 부드러운 햇살을 비추기 시작했습니다. 나그네는 더위를 느끼기 시작하면서 점차 두꺼운 겉옷을 벗었습니다. 태양은 더 강렬한 햇살을 내리쬐었고, 이에 나그네는 견딜 수 없어 마침내 모든 옷을 벗어던지고 근처 강가로 가서 더위를 식혔습니다.

신뢰가 사람을 움직인다.

원문의 마지막에는 '강제가 아닌 설득이 더 효과적인 경우가 많다.'는 교훈을 담고 있다. 즉, 사람의 마음을 움직이기 위해서는 힘 또는 권력을 이용하는 것보다 상대를 설득시켜 마음을 움직이는 것이 더 효과적이라는 것이다.

이즈미야 간지는 《당신의 인생이 바뀌는 대화법》에서 이 우화에는 '어떻게 사람의 마음은 움직이는가.'라는 질문에 대한 중요한 힌트가 담겨 있다고 말한다. 이즈미야는 나그네의 외투를 '마음의 갑옷'으로 보고 있다. '마음의 갑옷'은 타인이 벗길 수 없으며 스스로 벗을 수밖에 없다. 본인이 마음의 갑옷을 벗는 것이다. '마음을 닫은 상태'에서 '마음을 연 상태'로 바꾸기 위해 무엇을 할 수 있을 것인가? '마음의 갑옷'의 근원은 불신이다. 불신을 신뢰로 바꾸기 위해서는 시간이 필요하다. 먼저 사람을 억지로 움직이려고 하면 안 된다. 한 사람의 인간으로서 주체적으로 존재한다는 사실을 존중해야 한다. 서두르지 않는 것이다. 다시 말해 기다림이 필요하다.

NO. 16

북풍(北風)과 태양 II

　　북풍과 태양은 서로 자신이 더 강하다고 자랑하다가, 결국 이를 가리기 위한 승부를 결정했습니다. 승부의 조건은 간단했습니다: 나그네의 모자를 먼저 벗기는 자가 승자가 되는 것이었습니다.

　　처음으로 태양이 기회를 얻어 나그네에게 강렬한 햇살을 비췄습니다. 그러나 나그네는 햇볕을 피하기 위해 모자를 더욱 깊숙이 눌러썼고, 결코 모자를 벗을 생각을 하지 않았습니다. 그 다음 북풍이 힘을 써서 강한 바람을 불었습니다. 북풍의 세찬 바람에 나그네의 모자는 결국 휘날리며 날아가 버렸습니다.

　　승부는 계속되었고, 다음 목표는 나그네의 외투였습니다. 북풍이 먼저 시도하여 매섭게 바람을 불었지만, 나그네는 추위에 몸을 떨며 외투를 더욱 꽉 붙잡았습니다. 이번에는 태양이 차례를 받아 나그네에게 따뜻한 햇살을 비췄습니다. 태양의 따스한 온기에 나그네는 점차 옷을 풀어헤치기 시작했고, 마침내 기분 좋게 외투를 벗어 던졌습니다.

상황에 맞는 수단을 고르자

이 이야기의 교훈은 '상황에 맞게 적절한 수단을 선택하는 것이 중요하다.'는 것이다. 나그네의 모자 벗기기는 북풍이 유리했다. 외투 벗기기는 태양이 유리했다. 즉, 임기응변의 중요성에 대해 말하고 있다. 임기응변으로 잘 대응하기 위해서는 완고한 자세를 취해서는 안 된다. 하지만 사람은 나이가 들수록 유연함은 잃어버리고, 오히려 완고해 진다. '사람은 마흔이 넘어서는 바뀌지 않는다.'(마흔을 넘은 사람에게 의견을 말해도 효과가 없다는 뜻)는 말이 있을 정도다. 사회에서 성공한 사람이나 조직일수록 자신감을 갖고 있다는 것은 그만큼 고집이 있다는 말이다. 과거에 잘나갔다고 해서 앞으로도 계속 잘나간다는 법은 없다. 성공은 사람을 완고하게 만든다. 성공은 다른 사람의 말을 듣는 귀를 닫게 만들어, 주변의 환경이 바뀌었음에도 불구하고 과거의 성공 방식만 생각하게 만든다. 시대가 바뀌면 수단이 달라지는 것은 당연하다. 그러므로 충분히 고려한 후에 적절한 수단을 선택해야 한다.

NO. 17

큰 돌멩이와 작은 돌멩이

선생님이 퀴즈 시간에 큰 항아리를 꺼내 교단 위에 올려놓고, 항아리가 가득 찰 때까지 큰 돌멩이를 하나씩 넣었습니다. 항아리가 가득 차자, 선생님은 학생들에게 물었습니다. "항아리가 가득 찼다고 생각하나요?" 한 학생이 "네"라고 대답했습니다.

"정말로?" 선생님은 교단 아래에 있는 자갈이 가득 찬 양동이를 꺼내 항아리에 넣고 흔들어 돌멩이 사이를 자갈로 채웠습니다. 다시 학생들에게 물었습니다. "이제 항아리가 가득 찼다고 생각하니?" 학생들은 잠시 망설였고, 한 학생이 "아닌 것 같습니다"라고 대답했습니다. 선생님은 "맞아"라고 말하면서 이번에는 모래가 든 양동이를 꺼내 돌멩이와 자갈 사이에 부었습니다.

항아리에 모래를 넣은 후 선생님은 세 번째로 물었습니다. "이제 항아리가 가득 찼다고 생각하니?" 한 학생이 조심스레 "아니요"라고 대답했습니다. 그때 선생님은 물병을 꺼내 항아리 안에 물을 넘칠 듯이 부었습니다. 모든 틈이 물로 가득 차자, 선생님은 학생들에게 마지막 질문을 던졌습니다.

"이제 무엇을 말하려는지 알겠니?"

먼저, 중요한 것에 시간을 사용하라

《회사는 왜 망한 것인가》라는 책에서 인용한 내용이다. 이야기는 다음과 같이 이어진다. "내가 무엇을 말하려는지 알겠나?"라고 한 선생님의 질문에 어느 한 학생이 이렇게 대답한다. "돌멩이로 가득 찬 것처럼 보이는 항아리도 작은 자갈이 더 들어갔듯이, 일을 더 잘하기 위해 아무리 일이 바쁘더라도 최대한 노력을 한다면 더 많은 일을 소화할 수 있다는 것입니다."

이에 대해 선생님은 아니라고 대답하며 이 이야기가 암시하는 것을 가르친다. '큰 돌멩이를 먼저 넣지 않으면 다른 것이 들어갈 여유가 없다는 것'이다. 그리고 선생님은 학생에게 이렇게 물었다. "너희들 인생에서 가장 중요한 돌멩이는 무엇이라고 생각하나? 그것은 일이기도 하고, 마음이기도 하고, 사랑하는 사람이기도 하고, 가족이기도 하고, 자신의 꿈이기도 하다. 여기서 말하는 '큰 돌멩이'란 너희에게 가장 중요한 것이다." 그것을 먼저 항아리 안에 넣어라. 그렇지 않으면 그것을 영원히 잃어버릴 것이다. 항아리를 주어진 시간이라고 생각해보라. 모두 다 한정된 시간 내에서 살아간다. 따라서 자신에게 중요하지 않은 것을 인생에 채우게 된다면 자신에게 중요한 것을 투자할 시간을 잃어버리게 된다. 결과적으로 중요한 것을 얻지 못한 채 인생을 끝낼 수가 있다. 중요한 것에 시간을 쏟고 중요하지 않은 것에는 시간을 쏟지 않아야 한다. 하지만 두 가지 이유로 이를 지키기가 어렵다. 첫 번째 이유는 현대인은 정보를 받아들이고 나누는 데에 매우 바쁘기 때문이다. 《SNS의 시대, 씨름은 계속된다》(마이니치신문, 2017년 1월 9일)에 따르면, 인류가 창출한 정보량은 2000년에 62억 GB이었는데 2011년에는 1조 8천억 GB로 증가하여 2020년에는 44조 GB가 넘을 것으로 추정된다. 아주 오래 전과 비교해봤을 때 우리들은 엄청난 정보량을 받아들이고 있다. 페이스북이나 인스타그램으로 여러 가지 정보가 끊임없이 방출되고 있다. 모든 정보가 '자신에게 정말 중요한 정보'라고 생각하는 사람은 얼마나 될까? 두 번째 이유는 인생에서 무엇이 중요한지 아는 것이 간단하지 않기 때문이다. 생텍쥐페리의 《어린 왕자》에 유명한 대사가 있다. 여우가 왕자에게 말한 내용이다. "비밀을 알려줄게. 엄청 간단한 거야. 모든 것은 마음으로 보지 않으면 볼 수 없어. 가장 중요한 것은 눈에 보이지 않아."

당신에게 있어서 가장 중요한 것은 무엇인가? 대부분의 철학자가 말하는 바와 같이 그것은 '소유'가 아니라 '존재'와 관련이 있다. 당신은 중요한 것에 시간을 사용하고 있는가? 인생뿐만 아니라 회사에서 일할 때, 이 이야기를 생각해봐도 좋을 것이다. 우리들이 하는 모든 일은 긴급성과 중요성에 따라 두 가지 축으로 나누어 4가지 영역으로 구별할 수 있다. 유명한 '시간 관리 매트릭스'이다. 제1영역은 '긴급하며 중요한 일'이다. 마감해야 하는 일, 클레임 처리, 사고나 재해 등의 대처가 이에 해당한다. 제2영역은 '긴급하지 않지만 중요한 일'이다. 미래를 위한 준비나 계획, 품질 개선, 건강 유지, 인간관계 형성, 공부나 자기계발 등이 이에 해당한다. 제3영역은 '긴급하지만 중요하지 않은 일'이다. 회의 참가나 보고서 작성 등이 이에 해당된다. 제4영역은 '급하지도 않고 중요하지도 않은 일'이다. 단순히 심심풀이로 하는 행동이라고 하면 적당할 것 같다. 늘어져서 텔레비전을 보거나 스마트폰을 만지는 시간이 이에 해당된다. 우리가 유념해야 할 것은 제3영역과 제4영역의 시간을 줄이고 제2영역의 시간을 늘려가는 것이다. 이렇게 함으로써 제1영역에 해당하는 일이 줄어들면서 중요한 일을 여유롭게 처리할 수 있다.

총명함과
창의적인 일

NO. 18

두 명의 상인

두 상인이 가파른 고개를 오르고 있었습니다. 무더운 날씨 속에서 무거운 짐을 지고 험난한 길을 오르는 것은 매우 힘든 일이었습니다. 그들은 고개 도중에 나무 그늘 아래에서 짐을 내려놓고 잠시 쉬었습니다.

한 상인이 힘겨운 한숨을 내쉬며 말했습니다. "이 산이 좀 더 평탄했다면 얼마나 좋았을까요. 세상살이가 즐겁지 않습니다. 이렇게 힘든 고개를 오를 때면, 일을 그만두고 집으로 돌아가고 싶어집니다."

다른 상인은 미소를 지으며 대답했습니다. "저도 지금 같은 고개에서 당신과 같은 무게의 짐을 지고 올라가고 있습니다. 저도 숨이 헐떡거리고 땀이 흘러내리지만, 이 고개가 더욱 가팔라졌으면 좋겠다고 생각해요. 그러면 다른 상인들이 모두 포기하고 돌아갈 거고, 저는 혼자서 산 저편에서 마음껏 장사를 할 수 있을 테니까요. 사실 이 고개가 이렇게 낮은 것이 아쉬울 뿐입니다."

귀찮음이 곧 일의 보람

　모든 일에는 고생이 따른다. 두 상인은 보통 사람이라면 맨몸으로도 오르기 힘든 산길을 무거운 짐을 지고 오르는 고생을 한다. 웬만한 사람이 할 수 있는 일은 아니다. 근력이나 체력은 물론 인내력도 필요하다. 모든 일에는 고생이 따르는데 이것은 불가피하다. 하고 싶은 일을 해도 고생은 따르기 마련이다. 세상일에는 품과 시간이 소요된다. 일을 귀찮아하면 돈을 벌 수 없는 경우가 많다. 확실히 그것은 일의 결점이라고 볼 수 있다. 그러나 그것은 동시에 진입 장벽이 된다.

　지난번《프로패셔널 – 일의 방식》(NHK 방송 프로그램) 미야자키 하야오 편의《바람이 불지 않는 1,000일의 기록》재방송을 봤다. 방송을 보면서 미야자키가 몇 번이고 "귀찮아."라고 말하는 것을 보고 충격을 받았다. '미야자키 감독도 귀찮다고 생각하는구나!' 하고 놀란 것이다. 미야자키 감독은 귀찮음과 거리가 먼 사람이라고 생각했다. 사실은 그렇지 않았다. "귀찮다고 생각하는 자신의 기분과 싸우는 것일세.",

"중요한 것은 대부분 귀찮은 일이야.", "귀찮음 없이 살면 귀찮은 것이 부러워지네." 등 귀찮다는 말을 연발했다. 그때 이런 생각이 들었다. 모두 '귀찮다'는 기분과 싸워가며 일을 하고 있구나. '귀찮지만 일이 주는 보람'을 생각하면 어떨까?

NO. 19

차 석 잔

　어느 날, 도요토미 히데요시가 매사냥을 하던 중 갑자기 갈증을 느껴 가까운 사원으로 발걸음을 옮겼습니다. 그곳에서 일하고 있던 동자, 이시다 미쓰나리는 히데요시의 요청에 따라 따뜻한 차를 큰 찻잔에 대접했습니다. 히데요시는 차의 맛에 감탄하며 두 번째 잔을 요청했습니다.

　미쓰나리는 이번에는 차를 더 따뜻하게 끓여 찻잔의 절반만 채워 대접했습니다. 히데요시는 다시 한 번 더 차를 요청했고, 미쓰나리는 뜨겁게 끓는 차를 작은 찻잔에 조금만 담아 내왔습니다. 히데요시는 이런 미쓰나리의 임기응변에 크게 감탄하였고, 그의 능력을 높이 평가하여 사원의 주지스님에게 미쓰나리를 중요한 역할에 배치해 달라고 부탁했습니다.

결국, 미쓰나리는 사원에서 중요한 스님이 되었으며, 그의 재치와 지혜는 많은 이들에게 존경을 받게 되었습니다.

작은 배려

철학자 우치다 타즈루는 《일본 논점 2020》에서 다음과 같은 이야기를 했다. 어느 날, 우치다는 무술가 코우노 요시노리 등 6명의 지인들과 함께 레스토랑에 갔다. 메뉴에 '닭고기튀김'이 있었는데, 한 접시에 3개씩 나와서 7명이 나눌 수 없었다. 어쩔 수 없이 3접시를 주문하기로 했다. 그러자 주문을 받은 종업원이 "7개도 주문할 수 있습니다."라고 말했다. "그럼 7개 부탁드리겠습니다." 종업원이 요리를 가져오자 코우노는 종업원에게 이렇게 물었다. "여기 오는 단골손님에게 같이 일해보지 않겠냐는 소리 자주 들으시죠?" 종업원은 조금 놀라며 "네. 한 달에 한번 정도 듣습니다."라고 대답했다. 우치다는 이 이야기를 한 후 사람은 '가만히 두면 임금 이상의 일을 하는' 존재라고 말한다. 그 종업원이 자기가 할 수 있는 범위 내에서 제공한 작은 서비스에 대해 이렇게 표현한 것이다. 대부분의 일은 대체 가능하다. 특히 아르바이트가 그렇다. 그러나 자신이 할 수 있는 범위 내에서 배려나 재치를 발휘하면 이는 곧 자기 일, 즉 그 사람만이 할 수 있는 일이 된다.

'차 석 잔' 이야기는 미쓰나리를 생각해서 쓴 글이다. '미쓰나리라는 남자를 발견한 히데요시의 일화'라고도 볼 수 있다. 어떤 재능이라도 잘 살려내지 못하면 쓸모가 없다. 히데요시가 두 번째 차를 부탁했을 때 히데요시의 마음속에는 미쓰나리를 시험해보려는 의도는 없었을 것이다. '차를 더 마시고 싶다.'고 단순하게 생각했던 것이 틀림없다. 그러나 두 번째 차가 첫 번째 차보다 더 따뜻하고 적은 양인 것에 감탄하여 미쓰나리를 시험해보고자 세 번째 잔을 요청한 것이다. 미쓰나리의 임기응변을 알아 본 히데요시가 있었기 때문에 이 우화가 생긴 것이다.

NO. 20

2즈워티 받는 일꾼

곡식을 사고파는 일을 하는 모이셰라는 일꾼이 있었습니다. 그의 품삯은 2즈워티였습니다. 꽤 오랜 기간 일을 해온 모이셰는 어느 날 주인에게 물었습니다.

"주인님, 왜 제 품삯은 이렇게 적은가요? 다른 사람들은 6즈워티를 받는데 저는 왜 2즈워티만 받는 건가요?"

그 곡식 상점에는 모이셰 외에도 한 명의 청년이 더 일하고 있었다. 주인은 말했습니다.

"자, 기다려 보게. 곧 이유를 알게 될 걸세."

며칠 후, 곡식 상점 아래 길로 열 대 정도 되는 짐마차가 줄지어 지나가고 있었다. 주인은 황급히 모이셰를 불렀습니다.

"길로 내려가서 무엇을 옮기고 있는지 물어보고 오게."

모이셰는 길을 따라 내려갔다가 돌아와 주인에게 말했습니다.

"옥수수를 옮기고 있다고 합니다."

주인이 말했습니다.

"어디로 옥수수를 옮기고 있는지 물어보고 오게."

모이셰는 다시 길로 내려가서 짐마차를 따라가 물었습니다. 잠시 후 모이셰가 돌아와서 주인에게 말했습니다.

"시장으로 옥수수를 옮기고 있다고 합니다."

"빨리 내려가서 누구에게 부탁을 받고 옥수수를 옮기고 있는지 물어보게."

짐마차는 벌써 마을 변두리를 빠져나가고 있었기 때문에 모이셰는 빨리 따라잡아야 했습니다. 그리고 다시 돌아와 말했습니다.

"옆 마을 이장님에게 부탁을 받은 짐입니다."

"자, 이번엔 옥수수 가치를 물어보고 오게."

모이셰는 짐마차를 따라잡으려 말을 탔습니다. 모이셰가 돌아와 옥수수의 가격을 말하자 주인이 이렇게 말했습니다.

"여기서 잠시 기다리게."

주인은 6즈워티를 받는 다른 일꾼을 불렀습니다.

"길에 내려가서 아까 지나가던 짐마차 상인들의 상황을 알아보고 오게."

6즈워티를 받는 일꾼은 짐마차를 따라갔다. 일꾼은 곧 돌아와서 주인에게 말했습니다.

"저 사람들은 이웃 이장님에게 부탁을 받아 옥수수를 시장에 옮기고 있는 상인이었습니다. 가격을 물어보고 그보다 조금 비싼 가격으로 사겠다고 말했더니, 무거운 짐을 옮기느라 지쳐서 우리 창고에 짐을 내려놓겠다고 했습니다. 지금 이쪽으로 향하고 있습니다."

곡식 상점 주인은 모이셰에게 말했습니다.

"이제 왜 저 일꾼이 6즈워티를 받는지 이유를 알겠는가?"

일은 하나를 물어보면 열을 대답하는 것이다

이곳에는 두 명의 일꾼이 있었다. 한 일꾼은 2즈워티를, 다른 일꾼은 6즈워티를 받고 있었다. 2즈워티 받는 일꾼은 주인이 말하는 것은 확실하게 하는 젊은이였다. 시킨 일을 안 한다거나 시킨 것과 다른 일을 하면 주인으로부터 쫓겨나게 된다. 그런 의미로 2즈워티 받는 일꾼은 괜찮은 일꾼이었다. 그러나 어떻게 보면 시킨 일밖에 못 하는 일꾼이다. 반면 6즈워티 받는 일꾼은 시킨 일 이상의 것을 할 수 있는 일꾼이다. '하나를 들으면 열을 안다.'라는 말이 있다. 사물의 일부를 알았을 뿐인데 전체를 이해한다는 의미이다. 매우 현명한 사람을 비유한 것이다. 2즈워티 받는 일꾼은 '하나를 듣고 하나만 해내는 일꾼'에 지나지 않는다. 반면 6즈워티 받는 일꾼은 '하나를 듣고 열을 하는 일꾼'이다. 두 일꾼의 차이는 주인이 무언가 알아보고 오라는 지시를 했을 때, '주인이 왜 이것을 알고 싶어 하는가'를 생각할 수 있는가 없는가이다.

'요령부득의 사자(使者)'라는 말이 있다. 융통성이 없어 요령을 쓰지 않거나 별로 도움이 되지 않는 사람을 의미한다. 예를 들어 상사가 부하에게 "담당자가 부재중이라고 해서 알겠다하고 돌아오다니 융통성 없는 사람이네."하고 비난한다. 2즈워티 받는 일꾼은 바로 '융통성이 없는 사람'이었다.

아이가 어릴 때부터 심부름(세탁, 물건 사기, 요리, 정리, 육아(돌봄)) 등을 시키면 일을 잘 할 수 있는 힘을 기를 수 있다고 한다.《심부름 우월주의》라는 책에 있는 신흥기업의 이야기다. 대학교를 졸업한 신입사원이 근무한 지 몇 개월이 지난 후 클레임을 받았다. 최근 신입사원은 '눈치가 없다.', '일을 잘 못 한다.', '말만 하고 움직이지 않는다.', '가르쳐줘도 고마운 줄 모른다.'는 말이었다. 즉, 도움이 되지 않는다는 것이다. 곤란한 처지가 된 회사의 인사 관리부에서는 사내조정을 해서 '도움 되는 사원'과 '도움 되지 않는 사원'으로 나누어지는 요인에 대해 알아보았다. '도움 되는' 신입사원은 어렸을 때 부모님의 심부름을 해본 경험이 있으며 '도움 되지 않는' 신입사원은 심부름한 경험이 없었다. '어린 시절 심부름 경험의 여부'가 일의 질을 좌우하는 것이다. 이후, 회사에서는 '어렸을 때 심부름을 해본 적이 없는 사람은 채용하지 않기로' 정했다고 한다. 심부름과 일하는 능력은 어떤 관계를 맺고 있는가? 심부름이란 부모님으로부터 가사 일부를 부탁받는 것이다. 심부름을 하는 과정에서 대화하는 능력, 일의 순서를 파악하는 능력, 계획하는 능력, 문제를 해결하는 능력, 끝까지 일을 해내는 능력 등을 자연스럽게 몸으로 익힐 수 있다.

NO. 21

신발 세일즈맨

    홍콩에서 신발 제조회사를 운영하는 경영자는 남태평양의 한 외딴 섬에 신발 시장의 가능성을 탐색하기 위해 세일즈맨을 파견했습니다. 첫 번째 세일즈맨은 섬에 도착해 사람들이 신발을 신지 않는 것을 보고, "섬에 사는 사람들은 신발을 신지 않아서 여기에는 시장이 없습니다."라고 보고했습니다.

    이에 납득하지 못한 경영자는 두 번째 세일즈맨을 보냈습니다. 이 세일즈맨은 도착해서 "섬에 사는 사람들은 신발을 신지 않아서, 이곳은 엄청난 시장이 될 수 있습니다."라고 전혀 다른 관점에서 보고했습니다.

    그러나 경영자는 여전히 확신이 서지 않아 마케팅 전문가인 세 번째 세일즈맨을 파견했습니다. 이 전문가는 현지의 부족장과 주민들을 인터뷰하고 실제 필요를 파악했습니다. 그는 보고서에서 "섬 주민들은 신발을 신지 않아 다리에 상처가 많았습니다. 부족장에게 신발의 이점을 설명하자, 그는 큰 흥미를 보이며, 섬 주민의 70%가 신발을 구입할 의향이 있다고 했습니다. 첫 해에만 5,000켤레를 판매할 수 있을 것으로 예상됩니다. 연관된 운반 및 유통 비용을 고려하더라도 상당한 이익을 얻을 수 있을 것입니다."라고 말했습니다.

수요는 찾는 것이 아니라 만들어내는 것이다

사물을 보는 방법은 여러 가지다. 첫 번째 세일즈맨은 "섬에 사는 사람은 신발을 신지 않는다."고 말하며 '시장은 없을 것'이라고 생각했다. 두 번째 세일즈맨은 "섬에 사는 사람은 신발을 신지 않는다."는 것을 보고 '엄청난 시장이 될 것'이라 생각했다. 둘 다 같은 것을 봤지만 다르게 생각한 것이 흥미롭다. 두 사람의 차이는 사물을 긍정적으로 보았는가, 부정적으로 보았는가에 달려있기도 하다. 반 정도 물이 담긴 컵을 보고 "물이 반밖에 들어있지 않아." 또는 "물이 반이나 들어있어."라고 하는 관점의 차이다.

두 번째 세일즈맨과 세 번째 세일즈맨은 둘 다 '엄청난 시장이 있을 것'이라는 가능성을 본 관점은 같다. 두 번째 판매원은 거기에서 끝났다. 하지만 세 번째 판매원은 가능성을 확인해 보았다는 점에서 뛰어나다고 볼 수 있다. 세 번째 판매원의 일 처리를 보고 알 수 있는 것은 유효수요와 잠재수요라는 두 가지 수요이다. 유효수요란 확실히 눈에 보이는 수요이며 상품 구매에 직접적으로 연결되는 수요이다. 잠재수요란 상품의 가격이 너무 높거나 정보가 부족해서 현재는 보이지 않는 수요이다. 세 번째 판매원은 잠재수요는 아직 보이지 않지만 앞으로 잠재수요가 나타날 것이라는 가능성을 확인하고 그 가능성을 조사해보았다. 잠재수요를 유효수요로 변화시킬 방법을 알아본 것이다. 새로운 판로를 개척하고자 할 때, 먼저 중요한 것은 그 지역이나 현장에 수요가 있을지 없을지를 확인하는 것이다. 유효수요가 없어도 잠재수요가 있으면 된다. 유효수요가 있으면 바로 판매할 수 있다. 하지만 대부분 이미 판매하고 있는 경우가 많음으로 부가가치는 적다. 잠재수요를 일으키기 위해서는 힘과 돈이 필요하지만 잘 일으킨다면 부가가치가 큰 비즈니스로 성공할 수 있다.

NO. 22

콜레라균의 재발견

　　1879년, 루이 파스퇴르(프랑스 생화학자, 1823~1895년)는 3개월 간의 휴가를 마치고 실험실로 돌아와 이전에 진행했던 콜레라 연구를 재개했습니다. 일반적으로 신선한 콜레라균의 배양액을 닭에 주입하면 닭은 24시간 이내에 죽습니다. 그러나 파스퇴르가 휴가 전에 준비해둔 3개월 된 배양액으로 실험했을 때, 예상과 달리 닭은 죽지 않고 오히려 건강한 상태를 유지했습니다.

　　파스퇴르는 이 상황이 이상하게 생각되어 원인을 분석하기 시작했습니다. 그 결과, 실험실의 조수가 게을러서 새롭게 콜레라균을 배양하지 않고 오래된 배양액을 그대로 두었다는 것을 발견했습니다. 이는 실험의 실패로 여겨졌지만, 파스퇴르는 이를 기회로 삼았습니다.

　　그는 실험에 사용된 닭에 다시 신선한 콜레라균의 배양액을 주입했는데, 놀랍게도 닭은 병에 걸리지 않았습니다. 이를 통해 파스퇴르는 방치된 배양액의 콜레라균이 약해져서 닭에게 면역력을 주는 데 성공했다는 사실을 깨달았습니다. 이 발견은 "약해진 세균은 병을 일으키지 않고 대신 면역력을 높여준다"는 중대한 사실을 밝혀냈고, 이는 나중에 백신 개발의 기초가 되었습니다.

행운은 '총명함'과 '창조적인 넓은 마음'을 통해 찾아온다

이 일화는 과학적 발견에서 세렌디피티 역할을 논할 때 언급되는 이야기다. '세렌디피티(serendipity)'란 영국 작가인 호레이스 월폴이 만들어낸 단어이다. 그가 어렸을 때 읽었던 고대 페르시아의 '세렌딥의 세 왕자' 이야기는 세 명의 왕자가 여행을 떠나면 항상 뜻밖의 일을 만나게 되고 왕자의 총명함으로 인해 원래 계획하지 않았던 무언가를 발견하는 내용이다. 이 이야기를 바탕으로 '세렌디피티'라는 단어가 생겨났다. 이 단어는 '뜻밖의 일로 찾아온 행운'이라는 의미로 사용된다. 그러나 이런 뉘앙스에는 총명함이라는 요소가 빠지게 된다. 여기서 소개한 일화에서는 뜻밖의 일로 찾아온 행운만을 다루는 것이 아니라, 뜻밖의 행운을 잡는 사람은 총명한 사람이라는 것을 나타내고 있다. 그렇지 않은 사람은 뜻밖의 행운을 놓치게 된다. 총명함과 동시에 중요한 것은 창조적인 넓은 마음이다. 큰 발견을 하는 사람은 A부터 B까지 이성적으로 하나하나 따져가는 사람이 아니다. X를 발견했을 때 우연히 '무언가 새로운' Y를 만나는 사람이다. 새롭고 잘 알지 못한다고 해서 Y를 버리는 것이 아니라 X와의 관련성을 깊게 생각하는 사람이다. 폐쇄적인 사람이 아니라 개방적인 넓은 마음을 가진 지성인이다. 이 일화의 교훈은 중요한 것을 찾을 때 그것을 찾는 동안 새로운 가치를 우연히 발견할 수 있다는 것이다. 그러나 뜻밖의 일을 놓치지 않는 '총명함'과 '창조적인 넓은 마음'을 갖는 것이 전제조건이다.

여기서 이야기가 끝난다면 교훈을 얻을 수 있는 좋은 이야기로 끝나겠지만 사실 뒷이야기가 남아있다. '콜레라의 재발견'에 관련된 일화이지만 최근 여러 전기 작가를 거쳐 전해 내려왔다. 하지만 최근 이 일화의 내용에 대한 이야기가 많다. 당시 실험 노트를 분석해보면 콜레라의 재발견은 '우연히' 일어난 일이 아니라, 조수가 장기간에 걸쳐 면밀히 계획하여 연구를 진행한 결과라는 말이 나오고 있기 때문이다. 이를 통해 또 다른 교훈을 얻을 수 있다. 과학자에 관련된 이야기는 곧이곧대로 들어서는 안 된다는 것이다. 과학자들은 라이벌과 치열하게 경쟁하기 때문에 밀실에서 실험을 진행한다. 전문가 이외에는 이해할 수 없는 내용을 일반인도 이해할 수 있도록 설명하는 과정에서 재미있게 전달하기 위해 지나치게 꾸며진 내용이 많다.

강한 조직의 정신

NO. 23

악인의 집

    한 마을에 두 집이 있었습니다. 하나의 집에는 일곱 명이 살고 있었고, 이들은 매우 사이좋게 지냈으며 싸움이 한 번도 일어나지 않았습니다. 다른 집에는 세 명이 살았지만, 그들은 매일 싸우며 불행한 나날을 보내고 있었습니다.

    어느 날, 세 명이 사는 집의 가장이 일곱 명이 사는 집의 가장을 찾아가 물었습니다. "당신네 집은 가족도 많은데 어떻게 싸움 한 번 없이 그렇게 사이좋게 지내시나요? 우리 집은 세 명만 사는데도 매일 싸움이 끊이지 않습니다."

    일곱 명의 가장은 이렇게 대답했습니다. "우리 집은 악한 사람들만 모여 살고 있습니다. 모든 문제가 생기면, 각자가 먼저 나서서 자신의 잘못을 인정하려고 합니다. 예를 들어, 화로가 무너져도, 찻잔이 깨져도 각자가 먼저 '내 잘못이다, 내가 신경을 못 썼다'고 말합니다. 그래서 우리 집은 싸움이 일어나지 않습니다."

"반면에 당신네 집은, 모든 문제가 생길 때마다 각자가 착한 사람이 되려고 다툽니다. '네 탓이다, 내가 모르는 일이야'라고 서로 책임을 전가하죠. 화로가 무너지거나 찻잔이 깨지면, '네 잘못이야'라고 서로 비난하며 자신은 잘못이 없다고 주장합니다. 그래서 당신네 집은 싸움이 끊이지 않는 것입니다."

세 식구의 가장은 이 말을 듣고 깊이 반성했습니다. 그 후로 그는 가족들과 서로 양보하고 책임을 지는 방향으로 변화를 시도했습니다. 그 결과, 그들의 가정도 점차 평화롭고 원만해졌다고 합니다.

자신이 '나쁜 사람'이 되면 주변 사람은 '착한 사람'이 된다.

'나쁜 사람이 모인 집'은 스스로 잘못했다고 말하는 사람들이 살고 있었으며, '착한 사람들이 모인 집'은 남에게서 잘못을 찾는 사람들이 살고 있었다. 자책사고란 '무언가 문제가 일어났을 때, 자신에게 원인이 있다고 생각해서 스스로 언행을 개선하려는 사고'를 말한다. 한편, 타책사고란 '무언가 문제가 일어났을 때, 타인에게 원인이 있다고 생각해서 타인의 언행을 개선하라 요구하는 사고'이다.

이 우화를 가족이 아닌 회사라는 조직의 이야기로 바꾸어보자. 자책사고를 가지고 있는 사람이 모인 조직은 문제에 대해 모두 자신이 문제를 일으킨 당사자라고 생각한다. 한편 타책사고를 가진 집단에서는 문제를 타인의 일이라고 생각하기 때문에 조직력이 약하다. 자신이 실수했을 때 자책사고를 하는 사원과 타책사고를 하는 사원은 상황을 처리하는 방법이 다르다. 자책사고를 하는 사원은 자신의 행동이 잘못되었으며 충분히 확인하지 못했다고 생각하거나 노력이 부족했다고 생각한다. 실패는 성공의 어머니라는 말도 있듯이 행동을 개선하고자 노력한다. 한편, 타책사고를 하는 사원은 지시를 애매하게 한 선배가 잘못되었다고 생각하거나, 도움을 주지 않은 상사가 잘못되었거나 매뉴얼이 제대로 되어있지 않은 직장환경을 탓한다. 결국, '문제 원인은 자신이 해결할 수 있는 범위가 아니며 자신이 해결할 수 없다.'고 생각한다. 자신은 감찰자가 되어 행동하는 사람이 되려고 하지 않는다. 문제는 해결하지 않고 그대로 내버려 둔다.

기본적으로 일을 잘하는 사원은 자책적이며 일을 못하는 사원은 타책적이라는 것은 틀림없다. 그러나 자책사고를 가지고 있다고 해서 만능은 아니다. 주의해야 할 점이 두 가지 있다. 하나는 극단적인 자책사고는 해롭다는 것이다. 극단적인 자책사고는 스트레스를 낳아 우울증이나 정신질환으로 이어질 위험성을 가지고 있다. 다른 하나는 자책사고가 너무 강하면 자신 이외의 타인의 일, 시스템, 사회 환경 등에 관심을 갖지 않게 된다.

NO. 24

통속에 든 포도주

　산속에 위치한 한 유대인 마을에 새로운 랍비가 배정되었습니다. 마을 사람들은 랍비의 도착을 축하하기 위해 회당 뜰에 큰 나무통을 준비하고, 각자 피로연 하루 전까지 술 한 병씩을 그 안에 부어 넣기로 했습니다. 이 계획은 모든 마을 사람이 참여하여 통이 술로 가득 차길 기대했습니다.

　피로연 당일, 랍비가 도착하여 마을을 둘러보고 기도를 드린 후, 모두가 피로연을 즐기기 시작했습니다. 기대에 부푼 마음으로 나무통을 열고 술을 따랐지만, 통에서 나온 액체는 술이 아닌 물맛이 났습니다. 모두가 놀라고 당황했습니다. 그 순간, 마을의 한 가난한 사람이 일어나 고백했습니다.

　"모두에게 고백합니다. 저는 모두가 술을 넣을 것이라 생각하고 저

혼자만 물을 넣어도 괜찮을 것이라고 생각했습니다." 이 말을 듣고, 다른 사람들도 하나둘씩 일어나 비슷한 고백을 했습니다. 결국 모든 마을 사람들이 비슷한 생각으로 술 대신 물을 넣었다는 것이 드러났습니다.

새 랍비는 이 상황을 보며 조용히 말했습니다. "오늘 우리는 모두의 작은 결정이 어떻게 전체의 결과를 바꿀 수 있는지를 배웠습니다. 진정한 공동체는 각자의 정직과 기여에서 시작됩니다."

이 일로 인해 마을 사람들은 서로에 대한 신뢰와 책임을 다시 생각하게 되었고, 앞으로는 서로를 믿고 정직하게 행동하기로 약속했습니다.

'나 하나쯤이야'라는 생각이 전체를 무너뜨린다

이 이야기의 교훈은 '나 하나쯤이야.'라는 생각이 있으면 조직은 무너진다는 것이다. 누군가 게으름을 피우거나 개인행동을 할 때, 뒤치다꺼리를 하는 사람이 있다면 문제가 겉으로 드러나지 않는다. 그러나 뒤치다꺼리를 하는 사람보다 게으름을 피우거나 개인행동을 하는 사람이 많아지면 문제가 겉으로 드러나게 된다.

오카다 다케시(전 일본 축구 대표선수)는 어느 강연회에서 다음과 같은 에피소드를 들려준 적이 있다. "전원 모두 목소리를 내서 체조 시작!"이라고 외친다. 사실 목소리를 내서 체조하고 있는 사람은 3명밖에 없다. "너희들, 모두 다 소리를 내라고 했지!"라고 말하자 "제가 소리를 내지 않아도 누군가 소리를 냅니다."라고 대답했다. "모두 다 그렇게 생각하면 어떻게 될까? 선수 각자가 '자신의 팀'이라고 생각하지 않으면 어떻게 하려고 하나!" '모든 선수의 팀'이라는 말은 듣기 좋다. 그런데 '나 하나쯤이야 조금 빠져도 되겠지.'라는 생각을 하게 된다. '자신이 흘린 땀과 지혜가 팀을 살린다.'는 강한 정신을 선수 각자가 갖는 것. 그것이 '자신의 팀'이라는 말이 의미하는 바다. '자신의 팀'이라는 강한 정신을 갖춘 '모든 선수의 팀'을 이길 자는 아무도 없다.

NO. 25

종달새의 이사

봄이 되자 종달새 가족은 보리밭에 집을 지었습니다. 초여름이 되자 마을 사람들이 보리밭에 모여 보리를 수확할 시기를 논의하기 시작했습니다. 이것을 들은 새끼 종달새가 어미 종달새에게 걱정스럽게 물었습니다. "엄마, 사람들이 보리를 수확하면 우리도 이사 가야 하나요?"

그러나 어미 종달새는 "아직 괜찮아."라고 답하며 새끼를 안심시켰습니다. 사람들이 단순히 이야기만 나눈 것을 경험 많은 어미는 알고 있었습니다.

며칠 후, 세 명의 마을 사람들이 다시 보리밭에 와서 보다 구체적으로 보리를 캘 계획을 세웠습니다. 이를 들은 새끼 종달새는 다시금 불안해하며 어미에게 경고했습니다. "엄마, 서둘러야 해요! 사람들이 이

제 곧 보리를 캐기 시작할 거예요!"

그러나 어미 종달새는 여전히 침착하게 "아직 괜찮아."라고 대답했습니다. 어미는 마을 사람들이 진지하게 행동할 때를 기다렸습니다.

그로부터 며칠 후, 한 마을 사람이 혼자 보리밭에 와서 혼잣말로 "얼른 일을 시작해볼까."라고 중얼거렸습니다. 그제야 어미 종달새는 진정한 위험을 감지하고는 새끼에게 말했습니다. "이제, 우리 도망가자."

'나부터 한다'가 현장을 움직인다.

이 우화를 《토요타 상사》라는 책을 통해 알게 되었다. 토요타 공장에서 일하고 있던 사원이 이전 직장의 상사로부터 들은 이야기로 알려졌다. 공장 청소를 "모두 다 같이 해야 해."라고 말하면 누구 한 명도 움직이지 않는다. 이렇게 이야기하면 아무도 진지하게 받아들이지 않는다. "나라도 해야지."라고 하면서 행동으로 옮기는 사람이 생기면 사람들은 청소하기 시작한다. 직장 상사라면 이러한 점을 간파해야 한다. "모두 다 같이 하자."고 하면 사람들은 움직이지 않는다. "다른 사람은 모르겠지만 나부터 먼저 하자."는 마음으로 누군가가 행동으로 옮기기 시작하면 그때 사람들은 움직이기 시작한다.

이와 관련지어 생각해볼 수 있는 것은 여러 번 체크할수록 오히려 실수를 늘린다는 것이다. 중요한 사고로 연결되는 일은 보통 이중체크나 다중체크를 필요로 한다. 그러나 이러한 다중체크로 인해 안전성이 떨어지는 경우도 있다. 한 사람이 아니라 두 사람, 혹은 세 사람이 체크하면 책임을 더는 기분이 들어서 '누군가 확인하고 있으니까 괜찮겠지. 내가 열심히 할 필요는 없어.' 하고 생각하기 때문이다.

NO. 26

수조 속의 꽁치

한 실험에서 연구자들은 수조의 중앙에 투명한 유리 칸막이를 설치하고, 한쪽에 꽁치를 넣은 후, 다른 쪽에는 먹이가 될 만한 작은 물고기를 넣었습니다. 꽁치들은 먹이를 향해 여러 차례 돌진했지만 매번 유리 칸막이에 부딪혀 다시 제자리로 돌아갔습니다. 이런 경험을 반복한 후, 꽁치들은 먹이를 향해 돌진하는 것을 포기했습니다.

칸막이를 제거한 후에도 이전의 꽁치들은 칸막이가 사라진 것을 인식하지 못하고 먹이를 향해 돌진하지 않았습니다. 그들은 여전히 이전의 실패 경험에 사로잡혀 있었습니다.

이 시점에서 연구자들은 실험을 확장하기로 하고, 새로운 꽁치를 수조에 추가했습니다. 이 새로운 꽁치는 이전의 실험에서 사용된 칸막이의 존재를 전혀 모르고 있었습니다. 따라서 그는 망설임 없이 바로 먹이를 향해 돌진했습니다. 이 모습을 본 기존의 꽁치들은 먹이에 접근할 수 있는 새로운 가능성을 깨닫고, 다시 먹이를 향해 돌진하기 시작했습니다.

조직에 활력을 불어넣는 새로운 인재

꽁치는 여러 번에 걸쳐 먹이가 있는 쪽으로 돌진했다. 그러나 투명한 유리막에 몇 번이나 속아 점점 의욕을 잃고 결국에는 먹이를 쫓으려고 하지 않았다. '학습된 무기력'(미국의 심리학자 마틴 셀리그만이 발표한 이론)이라고 불리는 상태에 빠지는 것이다. 이는 노력을 해도 바라는 결과를 얻을 수 없는 경험이나 상황이 지속되면 "무언가를 해도 무의미하다."는 생각에 이르러 노력을 포기해버리는 현상이다. 이러한 무기력 상태에 빠지는 조직은 적지 않다. 무기력은 개인이 학습해서 축적되는 것이다. 이 뿐만 아니라 실패한 적이 없는 사람에게까지 유사 경험으로 전염되어 조직 전체에 퍼지게 된다. 이러한 무기력이 계속되는 조직에 활력을 불어넣기 위해서는 그 조직에 새로운 인재를 투입하는 것이다. 이직자나 신입사원이 새로운 인재의 전형적인 경우다. 이들은 알지 못하기 때문에 강하며 경험이 없기 때문에 강하다. 상식이 없기 때문에 강함을 보여줄 수 있다.

NO. 27

고글 착용

이탈리아의 한 화학 플랜트에서 작업 중 눈 보호를 위해 고글 착용이 의무화되었음에도 불구하고, 작업자들 사이에서 고글 착용률이 낮았습니다. 경영진과 현장 감독들이 수차례 지시했음에도 불구하고, 많은 작업자들이 고글을 착용하지 않았습니다. 이에 따라 회사는 이 문제를 해결하기 위해 여러 차례 회의를 열었지만, 해결책을 찾지 못했습니다.

회의에서는 각종 의견이 분분했으나, 주된 문제는 작업자들이 고글 착용을 거부하는 이유를 근본적으로 이해하지 못했다는 점이었습니다. 결국, 회사는 외부에서 컨설턴트를 초빙하여 문제의 해결책을 모색했습니다.

컨설턴트는 간단한 질문을 던졌습니다. "무엇이 문제입니까?" 그리고 "어떻게 해결해야 합니까?"라는 질문을 통해 모두가 문제의 본질을 명확하게 인식하게 했습니다. 결국, 한 참석자가 반쯤 농담으로 "멋있는 고글로 바꾸면 어떨까?"라고 제안했습니다.

이 제안이 흥미로운 아이디어로 받아들여져, 회사는 시험 삼아 스타일리시하고 현대적인 디자인의 고글을 도입하기로 결정했습니다. 이 새로운 고글은 이탈리아의 패션 감각에 맞춰 선글라스처럼 디자인되었고, 작업자들에게 매우 인기를 끌었습니다.

새롭게 도입된 멋진 고글을 한 작업자가 착용해 보자, 다른 작업자들도 호기심을 갖고 착용하기 시작했습니다. 곧 이 멋진 고글은 작업 현장에서 필수 패션 아이템처럼 자리 잡았고, 고글 착용률은 급격히 상승했습니다. 심지어 고글이 필요 없는 장소에서조차 작업자들이 고글을 착용하고 싶어했습니다.

문제에 대처하는 방법을 바꾸자

보통 사람들은 문제에 맞닥뜨리면 그 원인을 찾으려고 한다. '무엇이 문제인지' 문제의 범인을 찾기 시작한다. 기계에 문제가 생기면 불량부품을 찾아내어 수리하거나 교환한다. 그러나 조직의 불협화음은 이렇게 해결할 수 없다. 기계처럼 특정한 결함을 찾는 것이 어렵다.

'불량품'을 확실히 발견해도 기계처럼 간단히 '수리'나 '교환'을 할 수 없다. 게다가 조직의 문제는 사람과 사람 사이에서 일어난다. A와 B는 둘 다 '좋은 사람'인데, 둘이 팀을 이루면 '불협화음'을 일으킨다.

어떤 문제에 맞닥뜨렸을 때 대처하는 방법은 두 가지로 나누어진다. 하나는 원인 추궁 지향, 다른 하나는 해결 탐색 지향이다. 원인 추궁 지향은 '문제에 집중'하는 방법이다. '왜 문제가 잘 해결되지 않는가?'를 생각하며 그 원인을 찾는다. 해결 탐색 지향은 '해결에 집중'하는 방법이다. "왜 문제가 잘 해결되지 않는가?"라는 생각은 둘째 치고, '어떻게 하면 잘 해결할 수 있을까?'를 여러모로 생각한다.

'고글 착용' 이야기는 문제 대처방법을 원인 추궁 지향에서 해결 탐색 지향으로 바꾸어 성공한 사례이다. 물론 전자가 잘못된 방법이고 후자가 잘된 방법이라고는 말할 수 없다. 두 가지의 접근 방법을 알고 있다면 문제에 대처하는 폭이 넓어진다는 것이다.

비슷한 예로 '엘리베이터와 거울'이라는 이야기가 있다. "엘리베이터를 기다리는 시간이 길어요. 이 문제를 해결해 주기 바랍니다. 개선되지 않으면 이 빌딩을 나가겠습니다."는 오피스 빌딩에 입주한 세입자로부터 온 건의사항이 있었다. 문제 해결책으로 거론된 것은 엘리베이터를 증설하는 것, 새로운 고속 엘리베이터로 바꾸는 것이었다. 그러나 두 방법 모두 막대한 비용이 든다.

그런데 어느 사원이 이렇게 제안했다. "각층 엘리베이터 앞에 거울을 둡시다." 그렇게 했더니 정말 문제가 해결됐다. 대부분의 사람이 엘리베이터를 기다리는 동안 거울을 보며 복장이나 표정, 화장 상태를 확인하게 되었다. 기다리는 시간이 짧아진 것은 아니지만 기다리는 시간이 길게 느껴지지 않았다. '엘리베이터를 기다리는 시간이 길다.'는 문제를 '어떻게 하면 엘리베이터 기다리는 시간을 짧게 느낄까?'로 바꾸어 본 것이다.

6장
일하는 자세와 일의 의미

NO. 28

반백(半白) 머리의 남자와 두 명의 애인

어느 반백 머리의 남자에게 두 명의 애인이 있었습니다. 하나는 남자보다 나이가 많은 여성이었고, 다른 하나는 남자보다 젊은 여성이었습니다. 연상의 여자는 자신이 젊은 남자와 만나는 것에 대한 사회적 시선을 의식해, 남자가 그녀에게 올 때마다 그의 검은 머리카락을 하나씩 뽑았습니다. 그녀는 남자가 더 늙어 보이길 원했기 때문입니다.

반면, 젊은 여자는 자신이 나이든 남자와 사귀는 것을 주변에 알려지는 것을 원치 않았습니다. 그래서 그녀는 남자가 자신에게 올 때마다 흰 머리카락을 조심스레 뽑아냈습니다. 그녀는 남자가 더 젊어 보이기를 바랐습니다. 남자는 두 사람에게 모두 끌렸기 때문에 머리를 대머리로 밀어버렸습니다.

이성도 회사도 어울림이 중요하다

사람들은 어떤 이성이랑 결혼할지, 어떤 이성과 어울릴지 고민한다. 일반적으로 생활수준이나 입맛, 가치관 등이 너무 다르면 그 결혼은 오래가지 못한다. 어울리지 않는 결혼을 하면 큰코다치기 쉽다. 결혼처럼 어떤 회사에서 어떤 일을 할지, 자신과 '회사 또는 일'과의 어울림도 중요하다. 일반적으로 능력이나 흥미, 가치관의 관점에서 둘이 얼마나 일치하는지 생각하면 좋다.

첫 번째는 능력의 일치이다. 회사가 사원에게 요구하는 능력보다 자신의 능력이 더 크다면 '일이 부족하다.'고 생각한다. 반대로 회사가 사원에게 요구하는 능력이 더 크다면 '일이 힘들다.'고 느끼게 된다. 두 번째는 흥미의 일치이다. 회사의 사업 분야와 자신의 흥미나 관심이 맞는지 그렇지 않은지의 문제이다. 둘 다 일치하면 일을 즐겁게 할 수 있다. 그렇지 않으면 일을 통해 즐거움을 얻지 못한다. 세 번째는 가치관의 일치이다. 회사가 중요하게 생각하는 가치관, 이와 관련된 회사 분위기와 자신이 어느 정도 공감할 수 있는지의 문제이다. 이것이 다르면 회사를 좋아할 수 없다.

하나의 우화에서 한 가지 교훈만 얻을 수 있다는 법은 없다. 나카츠카 테츠로는 《이솝 우화의 세계》에서 이 이야기의 교훈 변천에 대해

소개한다. 이 이야기는 이솝 이야기에서는 '어울리지 않으면 문제가 된다.'는 교훈을 말하고 있다. 이에 대해《이솝 우화담》의 저자인 파에드리스와 파브리오스는 "사랑해도 사랑을 받아도 남자는 언제나 여자에게 무시를 받는다.", "여자에게 빠진 남자는 불쌍하다. 여자는 미소를 지으며 남자를 조종하고 있다."고 말한다. 라 퐁텐도 이와 관련해서 남자의 머리는 둘째 치고, 여자들이 각자 마음대로 행동하는 모습을 보고 결혼을 망설이는 이야기로 보고 있다. 하지만 일본어판에서는 교훈의 내용이 다르다. '마음을 하나로 정하지 않으면 결과가 좋지 않다.'는 불교적인 깨달음과 '충신은 두 임금을 섬기지 않는다.'는 유교적인 덕목을 보여주고 있다. 이러한 교훈을 회사와 자신에게 빗대어보면 좋다.

"어울리지 않는 것은 문제를 일으킨다."

"아무리 애사심을 가지고 일해도 사원은 늘 회사에서 무시당한다."

"이직을 생각하며 일하는 사람은 지금의 회사에서도 이직할 회사에서도 받아주지 않는다."

"충신은 한 번 임금을 정하면 다른 임금을 섬기지 않는다." 등의 교훈 중 어느 것을 고를지는 독자의 자유다.

NO. 29

하늘이 주신 재능

　어느 주인이 여행을 떠나기 전, 세 명의 일꾼에게 각각 다른 양의 돈을 맡겼습니다. 첫 번째 일꾼에게는 5달란트, 두 번째 일꾼에게는 2달란트, 세 번째 일꾼에게는 1달란트를 주었습니다. 주인은 일꾼들에게 투자하여 돈을 불려보라고 지시했습니다.

　오랜 시간 후 주인이 귀환하여 일꾼들에게 그들이 맡은 돈을 가지고 무엇을 했는지 물었습니다. 5달란트를 받은 첫 번째 일꾼은 적극적으로 투자하여 돈을 10달란트로 늘렸습니다. 2달란트를 받은 두 번째 일꾼도 마찬가지로 투자하여 4달란트로 늘렸습니다.

　하지만 1달란트를 받은 세 번째 일꾼은 자신에게 주어진 돈을 잃을까 두려워 마을 밭에 돈을 묻고 아무것도 하지 않았습니다. 주인이 돌아와 이 사실을 알게 되자, 첫 번째와 두 번째 일꾼을 칭찬하며 그들의 성실함과 창의성을 높이 평가했습니다. 반면, 세 번째 일꾼은 자신에게 주어진 기회를 전혀 활용하지 않았기 때문에 '게으른 종'이라고 비난받았고, 결국 바깥으로 쫓겨났습니다.

재능은 사용하지 않으면 의미가 없다

'꾼 돈의 철학'을 떠올리면서 이 우화에 대해 생각해본다. 여행을 떠난 주인에게 받은 달란트란 각자가 신에게 받은 재능이며 먼 여행이란 '한 사람의 인생'이다. 주인이 돌아왔다는 것은 수명이 다했다는 것을 의미한다. 여행에서 돌아온 주인이 돈을 확인한 것은 죽은 사람이 천국에 갈 수 있을지 없을지를 판단한 것이다. 천국에 들어가는 사람은 자신의 재능을 헛되이 사용하지 않은 사람이며, 천국에 들어갈 수 없는 사람은 자신의 재능을 헛되이 사용한 사람이다.

사람은 태어나면서 신에게 재능을 부여받는다. 산다는 것은 그 재능을 살려 열심히 사용한다는 것이다. 재능은 신의 선물이다. 따라서 그 선물은 반드시 받아들여야 한다. 그리고 선물로 주신 재능을 세상을 위해 유용하게 사용해야 한다. 세 번째 일꾼은 선물을 받았지만, 그것을 유용하게 사용하지 않고 그대로 보관해서 주인에게 돌려주었다. 정확히 말하면 그는 선물을 받은 것이 아니다. 만약 세 번째 일꾼이 달란트를 불리는 데 실패해서 모든 것을 잃어버렸다면 주인은 그를 비난하지 않았을 것이다.

재능의 배분은 우연이다. 신이 주시는 나름이다. 이 우화에서는 첫 번째 일꾼에게는 5달란트, 두 번째 일꾼에게는 2달란트, 세 번째 일꾼에게는 1달란트를 주었다. 매우 불공평하다고 느낄 수도 있다. 그러나 5달란트를 받은 일꾼은 5달란트를 불렸고 2달란트를 받은 일꾼은 2달란트를 불렸기 때문에 둘 다 동일하게 칭찬했다. 즉, 많이 받은 일꾼은 많이 남기면 되고 적게 받은 일꾼은 받은 만큼 남기면 된다. 그런 의미에서 공평하다고 볼 수 있다. 여기서 '각자에게 맞게 살아가면 된다.'는 교훈도 얻을 수 있다. 신이 원하는 것은 부여받은 재능을 살리는 것, 부여받은 능력을 사용하는 것이다.

NO. 30

포도밭의 일꾼

　　어느 날, 포도밭 주인이 노동자를 구하기 위해 시장으로 나섰습니다. 아침 일찍부터 저녁까지, 그는 여러 번 시장을 방문하여 일할 사람을 찾았습니다. 아침 9시에 처음 노동자를 고용할 때 그는 하루 일당으로 1데나리온을 약속했습니다. 낮 12시와 오후 3시에도 같은 조건으로 노동자들을 추가로 고용했습니다.

　　저녁 9시에 포도밭 주인은 다시 시장에 나갔고, 여전히 일자리를 찾는 사람들이 있었습니다. 이들에게도 하루 일당으로 1데나리온을 제공하기로 했습니다. 일과가 끝나고 날이 저물자, 주인은 회계사를 불러 모든 노동자들에게 품삯을 지급하라고 지시했습니다. 그는 밤에 온 노동자들부터 품삯을 지급하기 시작했습니다.

　　아침 일찍 온 노동자들은 자신들이 하루 종일 땡볕 아래에서 일한 것을 고려할 때 더 많은 보수를 받을 것으로 기대했습니다. 그러나 그들 역시 1데나리온만 받았습니다. 이에 불만을 품은 그들은 주인에게 불공평하다고 항의했습니다. "우리는 온종일 힘들게 일했는데, 저녁에 와서 조금 일한 사람들과 똑같은 품삯을 받는 것은 불공평합니다."

그러나 포도밭 주인은 침착하게 대답했습니다. "나는 그대와의 약속을 지켰네. 내가 약속한 품삯은 1데나리온이었고, 모든 일꾼에게 동일하게 지급했네."

개인의 능력은 회사의 것이다

현실세계에 살고 있는 우리의 상식에서 보면 아침부터 와서 계속 일을 한 사람이 불평하는 것을 충분히 납득할 수 있다. 보수는 노동시간이나 성과에 따라 결정되기 때문이다. 이 세상은 뛰어난 사람이 더 많은 보수를 받고 일을 잘 못 하는 사람은 적은 보수밖에 받지 못한다는 원리로 돌아가고 있다. 이러한 원리와 달리 이 이야기에는 다른 원리가 적용되어 있다. '사람은 재능의 유무에 관계없이 한 사람 한 사람이 '바꿀 수 없는 존재'이며, 노동시간이나 성과에 따라 비교되지 말아야 한다.'는 원리이다. 현실 세계가 아닌 천상의 세계, '사랑의 공동체' 이야기이기 때문이다.

그렇다면 두 가지 원리는 서로 다른 것일까? 그렇지 않다. 정치철학가 롤스는 기본적으로 능력주의를 전제하고 있지만, 능력은 각 개인에게 우연하게 배분된 것이기 때문에 자신의 것이 아닌 '사회 공동 재산'으로 보고 있다. 힘 있는 사람이 벌어들인 부를 사회적 약자를 위해 사용하며 힘 있는 사람은 힘 없는 사람을 돕는 사회, 힘 있는 사람은 많이 일할 수 있음에 감사하며 힘 없는 사람은 힘 있는 사람에게 감사하는 사회를 이상적인 사회라고 생각했다.

여기서 생각을 해보자. 자신의 능력이 신에게 우연히 받은 운인지, 자신의 노력으로 쌓아 올린 것인지를. 이것을 완전히 나누는 것은 불가능하다고 생각한다. 왜냐하면 노력을 할 수 있는 것도 운이기 때문이다. 두 가지 이유가 있다. 하나는 노력을 할 수 있는 능력이 있었기 때문이다. 예를 들어 초등학교 저학년 아이들이 동일한 수준의 지능을 가졌다고 해도 노력할 수 있는 사람(노력이 힘들지 않은 사람)과 노력이 잘 안 되는 사람(노력이 힘든 사람)으로 나눌 수 있다. 각자 성격에 따라 살아간 것이라고 밖에 볼 수 없다. 다른 하나는 노력할 수 있는 후천적인 환경에서 자랐기 때문이다. 공부를 하고 싶어도 할 수 없는 환경에서 자란 사람과 공부하고 싶으면 할 수 있는 환경에서 자란 사람이 있다. 극단적으로 말하면 후진국의 국민들은 전자에 속하고 선진국의 국민들은 대부분 후자에 속한다.

NO. 31

벽돌을 쌓는 세 명의 일꾼

한 나그네가 건설현장에서 일을 하고 있는 사람들에게 "무엇을 하고 계신가요?"하고 물었습니다.

첫 번째 일꾼은 "벽돌을 쌓아 올리고 있습니다."라고 대답했습니다.

두 번째 일꾼은 "벽을 만들고 있습니다."라고 대답했습니다.

세 번째 일꾼은 "신을 경배할 대성당을 만들고 있습니다."라고 대답했습니다.

눈앞에 있는 일의 목적을 생각해 본다

세 일꾼은 모두 '벽돌을 쌓아 올리는' 일을 하고 있었는데 "무엇을 하고 있는가?"라는 질문에 대한 대답이 모두 달랐다. 첫 번째 일꾼은 "벽돌을 쌓아 올리고 있다."며 지금 하는 행동에 대해 대답했다. 두 번째 일꾼은 "벽을 만들고 있다."며 벽돌을 쌓는 목적에 대해 대답했다. 세 번째 일꾼은 "대성당을 만들고 있다."며 벽을 만드는 목적에 대해 대답했으며 동시에 "신을 경배하기 위해서"라고 대성당을 짓는 목적에 대해 덧붙여 설명하고 있다.

사람의 행동은 '무언가를 위해 무언가를 한다.'는 구조를 갖추고 있다. 앞의 행동의 목적은 다음 행동의 수단이 되어 연결된다. '목적과 수단의 연쇄'라고 볼 수 있다. 이야기의 순서를 보자면 '벽돌을 쌓는다. → 벽을 만든다. → 대성당을 만든다. → 신을 경배할 수 있는 장소를 만든다.'로 이어진다. 상위목적이 하위목적을 제어할 수 있는 것이다. 이 이야기를 통해 두 가지 교훈을 엿볼 수 있다. 첫 번째는 가능한 폭넓게 '목적과 수단의 연쇄'를 이미지화해서 일하는 것이 유익하다는 것이다. 첫 번째 작업자보다 두 번째 작업자, 두 번째 작업자보다 세 번째 작업자가 보다 폭넓게 일을 한다는 것을 상상할 수 있다. 도스토옙스키는 사람에게 있어 '가장 가혹한 형벌은 전혀 무익

하고 무의미한 일을 지속하는 것이다.'라고 말했다. 아침부터 벽돌을 쌓아올려 저녁에 그것을 무너뜨리는 일을 상상해보자. 완전히 의미가 없는 일이다. 실제 일하는 현장에서 이 정도로 무의미한 일은 별로 없을 것이다. 그러나 일이 가지고 있는 의미를 충분히 알지 못한 채 일을 하거나, 매우 좁은 범위의 '목적과 수단의 연쇄'밖에 모른 채 일을 하는 경우가 많다. 이는 죄수가 받는 고문과 다를 바 없을지도 모른다.

두 번째 교훈은 일을 통해 자신의 행복과 사람들과의 행복이 어떻게 연결되는지 생각해보는 것이다. 앞서 언급한 '일의 수단과 목적'이 늘 있을 수는 없다. 철학자 아리스토텔레스는 '무엇을 위해'라는 말은 '행복해지고 싶기 때문에'라는 말로 귀결된다고 했다. 예를 들어 아침에 세면대 앞에서 매무새를 정돈하고 있는 대학생을 떠올려보자. 무엇을 위해 씻고 머리를 정돈하는 것일까, 학교에 가기 위해서다. 무엇을 위해 학교에 가는 것일까, 좋은 곳에 취직하고 싶어서다. 무엇을 위해 좋은 곳에 취직하고 싶은가, 좋은 인생을 살고 싶어서다. 결국 그것은 '행복해지고 싶기 때문이다.'라는 말과 동일한 의미를 갖는다. 회사원에게도 일하는 목적에 집중해서 이유를 물어보면 '좋은 인생을 살고 싶기 때문이다.'라고 대답할 것이고, 이것은 '행복해지고 싶기 때문이다.'로 이어진다. 지금 하는 일이 자신의 행복이나 사람들과의 행복으로 이어지고 있는가?

NO. 32

아이를 혼내는 부모

한 부모가 자녀를 깨워 공부하라고 재촉했습니다. "누워있지 말고 공부해!"

자녀는 호기심 많은 눈빛으로 물었습니다. "왜 공부해야 하죠?"

부모는 단순하게 대답했습니다. "공부하지 않으면 좋은 학교에 갈 수 없어."

"왜 좋은 학교에 가야 하죠?" 자녀는 계속해서 질문했습니다.

"좋은 학교에서 공부하면 좋은 회사에 들어갈 수 있지." 부모는 인생의 일반적인 경로를 설명했습니다.

"그런데 왜 좋은 회사에 들어가야 하죠?"

"좋은 회사에서 일하면 안정적이고 행복한 인생을 살 수 있으니까." 부모는 자녀가 잘 살길 바라는 마음에서 대답했습니다.

자녀는 이 모든 답변을 듣고 마지막으로 물었습니다. "좋은 인생이란 무엇이죠?"

"그건... 편안히 잘 사는 것이지." 부모는 간단하게 말했습니다.

자녀는 미소를 지으며 말했습니다. "저, 마음 편히 잘 살고 있어요!"

일하지 않고 편안한 인생을 살면 행복할까?

아이 질문에 대답하는 동안 결국 '좋은 삶 = 잘 먹고 잘 사는 것'으로 끝났다는 우스운 이야기이다. 그러나 일하지 않고 잘 먹고 잘 사는 것이 우리가 궁극적으로 원하는 행복일까? 직감적으로도 '그건 아닐 것이다.'라는 생각이 든다. 적어도 우리의 노동관이나 인생관과는 거리가 있다.

사고실험을 해보자. 30세에 연말 로또 복권을 샀는데 1등이 되어 100억 원을 받은 사람이 있다고 해보자. 그는 바로 일을 그만두고 일하지 않고 놀면서 생활하다가 80세에 죽었다. 대부분의 사람은 복권에 당첨되면 행복해질 거라고 생각한다. 그러나 그의 인생 자체를 행복하다고 볼 수 있는가? 그가 집을 사고 외제차를 몰고 세계 여행을 하며 우아하게 살았다고 해도 그 50년간을 무의미하게 지냈다고 생각하는 사람이 더 많지 않을까?

왜 사람은 일하는 것일까? 먼저 '돈을 벌기 위해'라고 대답할 수 있다. 그러나 그것만은 아닐 것이다. 먹고 살 수 있는 재산을 가지고 있어도 계속 일을 하는 사람도 있다. '몸을 움직일 수 있는 동안에는 어떻게든 일을 하고 싶다.'고 생각하는 사람도 많다. 이러한 사례를 보면 일하는 이유가 경제적 요소 뿐만은 아니라는 것을 알 수 있다. 다음으로 '일은 해야 하니까.'라고 대답할 수도 있다. 일본 헌법에는 '모든 국민은 노동의 권리를 가지며 의무를 진다.(제27조)'고 기록되어 있다. 사회가 순조롭게 돌아가기 위해서는 사회의 일원으로서 역할을 다하는 것. 이것도 일을 하는 이유 중 하나이다. 이 두 가지 이유만 있는 것일까. 그렇지는 않을 것이다. 두 가지 이유 외에 '일을 통해 얻는 것', 자아실현의 기쁨을 느낄 수 있는 개인적 요소도 열거해보자.

악에서 도망칠 수 있다. '소인은 한가하면 자칫 나쁜 짓을 한다.'는 말을 떠올려보자. 소인이 한가하게 있으면 나쁜 짓을 하기 쉽다. 우리 대부분은 소인이다. 일을 하면 낮부터 술을 마시거나 도박을 하는 것에서 벗어날 수 있다.

사람들과 교류를 할 수 있다. 대부분의 생산 활동은 타인과 관련이 있다. 동료나 거래처나 고객뿐만 아니라 동식물과도 교류하고 교감한다. 직장은 살벌한 '전쟁터'이긴 하지만, 친교를 나눌 수 있는 장이기도 하다.

자신의 능력을 발휘할 수 있다. 사람은 자신의 능력을 충분히 발휘

했을 때 기쁨을 느낀다. 반대로 자신의 능력을 발휘할 수 없으면 괴로움에 빠진다.

성장과 발전을 할 수 있다. 여러 사람과 만나며 많은 것을 배울 수 있으며 여러 업무를 하며 결과적으로 일을 하는 사람으로서 성장과 발전을 할 수 있다.

인정욕구가 채워진다. 상사로부터 "잘했어!", "다음에도 잘 부탁해!"라고 칭찬을 받거나 고객으로부터 "감사합니다!", "잘 해결되었어요!"라는 감사의 말을 들을 때마다 우리는 일하는 보람을 느낄 수 있다. 자신의 능력을 인정받아 자신의 인격을 긍정적으로 받아들일 수 있게 된다.

'돈을 위해서', '해야 하니까'처럼 자신과 관련이 없는 목적을 위해 일하는 것이 아니라 '나답게 살기 위해서 일을 한다.', '내가 일하기를 원해서 한다.'는 자발적인 이유로 일할 수 있다는 점을 잊어서는 안 된다.

NO. 33

효율이 떨어지는 밭일

공자의 제자인 자공이 남방의 초나라를 여행하던 중, 한 노인이 채소밭에서 수고롭게 물을 긷고 있는 모습을 목격했습니다. 노인은 병을 사용하여 우물에서 물을 길어 채소밭에 공급하고 있었는데, 이 방법은 매우 비효율적으로 보였습니다.

자공은 노인에게 다가가 현대적인 농업 도구인 두레박틀의 사용을 제안했습니다. 이 도구는 하루에 백만 평에도 물을 뿌릴 수 있으며, 사용자의 힘을 크게 절약해 주는 장치였습니다.

그러나 노인은 자공의 제안에 냉담했습니다. 그는 자신의 스승이 전해준 가르침을 인용하며, 편리한 도구의 사용이 결국 사람을 나태하게 만들고, 그로 인해 순수한 미덕이 사라지게 된다고 설명했습니다. 이러한 나태함은 결국 정신을 흔들고 올바른 길을 잃게 만든다고 노인은 덧붙였습니다.

　노인의 말은 자공에게 큰 충격을 주었고, 자공은 자신의 무지와 경솔함을 깨닫고 부끄러움을 느꼈습니다. 그는 아무 말 없이 고개를 숙이고 그 자리를 떠났습니다.

일의 묘미는 효율에만 있지 않다

　두레박틀을 사용하면 우물에서 간단히 물을 풀 수 있다. 그러나 이 노인은 편리한 도구를 사용하려고 하지 않는다. 병을 가지고 지하도 우물 안에 들어가 물을 퍼서 밭에 뿌린다. 단순하게 보면 이보다 효율이 적은 일은 없을 것이다. 노인은 왜 이렇게 일을 하는 것인가? '편리한 도구가 있으면 반드시 늘어지는 일이 생기게 된다. 늘어지게 되면 마음이 늘어지기 때문'이다. 이는 스승의 가르침이었다. '기계를 가진 사람은 반드시 기지가 생기게 된다. 기지가 생기면 기심이 생긴다.' 사전에 따르면 기지란 '일을 꾸미는 것. 교묘한 전략을 세우는 것'이며, 기심이란 '거짓된 계략을 세우고자 하는 마음'이다. 기계로 일하려고 하는 마음이다. 《과학자의 사회적 책임》이라는 책에서는 "기심이란 투기심과 통하는 마음이다. 호기심과는 관련이 없는 마음이다.", "기계, 기지, 기심은 자연스러운 것과는 대립하는 개념이다."라고 설명한다. 물론 이 노인이 혼자 힘으로 물을 뿌리고 있기는 했지만 가능한 효율이 좋은 방법을 생각하며 일을 하고 있었을 것이다. 그러나 두레박틀을 사용해서 효율을 높이려고 하지는 않았다. 일단 두레박틀을 사용하게 되면 더 효율이 좋은 도구, 노력이 더 적게 드는 도구를 찾게 된다. 일이 진보하게 되면 더 진보할 수 있는 방법을 찾게 되며, 한 곳에 머무르는 법이 없다.

우네 유타카는 〈자급은 원리주의를 원한다.〉라는 글에서 이 이야기의 노인이 두레박틀을 거절한 이유에 대해서 이렇게 설명하고 있다. "노인은 그 일 자체를 즐기고 있었던 것이다. 단순작업으로 보일지는 모르지만 농작물을 위한 일이었다. 농작물 또한 이를 즐기고 있었던 것이다. 그렇다면 두레박틀을 사용해도 농작물은 기뻐하지 않을까 하고 반론하는 사람도 있을 수 있다.

그러나 두레박틀을 사용하면 기계에 의존하는 마음이 생기고 효율을 구하는 마음(기심)이 생겨 농작물이 기뻐하는 것을 느끼는 마음이 옅어지게 된다." 농사를 짓는 사람이 농작물을 기르기 위해서 일하고 있는 것이 아니고, 자동차나 가전제품을 구매하기 위해서, 해외여행을 가기 위해서 일하고 있는 셈이다. 농사가 더 많은 물건을 소비하기 위한, 더 많은 여가를 손해 넣기 위한 수단이라면 언제나 효율적인 방법이 없을까 하는 생각이 드는 건 당연하다.

그러나 농사가 소비나 여가라는 목적을 위한 수단이 아니라면 농사를 효율로만 말할 수는 없다. 일은 무엇인가 창출해내는 것과 동시에 타인과 연결되는 '계기와 수단'이 되기때문이다. 교류를 나누는 것은 서로 마음을 터놓고 즐기는 것, 기쁨을 서로 나누는 것이다. 그러므로 일은 소비나 여유라고 하는 어떤 목적을 위한 수단이 아니라고 생각하는 사람이라면 일을 효율만을 두고 따져서는 안 된다.

정의로운 마음과 공동체

NO. 34

천국과 지옥의 긴 젓가락

 천국과 지옥, 각각에 식당이 있었습니다. 두 식당은 모두 사람으로 가득 차 있었고, 맛있는 음식들이 테이블 위에 즐비해 있었습니다. 그러나 이곳의 식사 규칙은 평범하지 않았습니다. 모든 손님은 매우 긴 젓가락을 사용해야만 했습니다.

 지옥의 식당에서는 사람들이 자신의 배고픔을 해결하기 위해 혼자 음식을 먹으려고 애썼습니다. 하지만 젓가락이 너무 길어서 음식을 제대로 입으로 가져가지 못했습니다. 서로의 공간을 침범하며 끝이 뾰족한 젓가락으로 상대를 찌르기까지 했습니다. 이로 인해 식당은 혼란과 분노로 가득 찼습니다.

 반면, 천국의 식당에서는 모든 이들이 서로를 돕고 있었습니다. 각자가 맞은편 사람에게 음식을 먹여 주었습니다. 이렇게 함으로써,

모두가 쉽게 식사를 할 수 있었고, 얼굴마다 행복한 미소가 번졌습니다. 이곳에서는 협력과 이해가 넘쳤으며, 사람들은 서로의 필요를 충족시켜주며 조화롭게 식사를 즐겼습니다.

서로 싸우기 때문에 부족하게 된다

지옥 식당에는 '자신만 생각하는 사람들'이 모여 있었다. 맛있는 음식을 두고 서로 경쟁하며 싸움이 끊이지 않았다. 폭력을 행사하는 사람도 있었다. 지옥 식당에서는 타인은 방해꾼이고 없어지면 좋을 사람이라 생각하고 있었다. 천국 식당에서는 '자신뿐만 아니라 타인까지 생각하는 사람'들이 모여 있었다. 서로 빼앗는 관계가 아니라 나누는 관계를 확립하고 있었기 때문에 질서와 평화가 있었다. 이들은 타인이 '거기에 있는 것'을 마음 깊이 존중하며 혼자서는 살아갈 수 없다는 것을 알고 있다. 또 같이 살아가기 위해서는 서로의 힘을 빌릴 수밖에 없다는 것도 알고 있다.

지옥 식당에서는 서로 마음이 연결되어 있지 않았지만, 천국 식당에서는 서로 마음이 연결되어 있었다. 지옥 식당에 있었던 사람들은 '나 혼자서도 살아갈 수 있다.'고 착각하고 있다. 한편 천국의 식당에 있는 사람들은 '사람은 혼자 살 수 없다.'는 것을 잘 알고 있다. 우리는 수많은 타인의 도움으로 살아가고 있으며 혼자서는 생존할 수 없다. 여기서 말하는 타인이란 동료, 동시대를 사는 사람들, 가족이나 지구촌에 사는 모든 사람, 인류가 만들어온 기술 환경이나 전통, 습관, 법률 등을 포함한다.

대부분의 사회문제는 서로 경쟁하기 때문에 생겨난다. 사람과 사람, 민족과 민족, 나라와 나라가 자원을 두고 경쟁한다. 자원이 부족하니까 싸워서 자원을 나누려고 하는 것일까. 그 반대다. 싸우기 때문에 부족해지며 서로 나누면 남게 된다. 지구에는 엄청난 자원이 존재한다. 부족하다며 싸우는 것은 대부분의 자원을 필요 없는 곳(운반비의 확장이나 사치스러운 소비자원)에 쓰기 때문은 아닐까. 서로 싸우는 이유는 '나만 좋으면 돼', '우리나라만 잘 살면 돼.'라는 생각이 잠재되어 있기 때문이다. 세상에는 '우리나라만 잘 살면 된다.'고 말하며, 그런 정책을 펼치려는 지도자가 날뛰고 설친다. 이러한 지도자의 얼굴은 예외 없이 오만하며 성품이 나쁜 얼굴을 하고 있다.

NO. 35

수박 도둑

　여름날, 시골에 사는 어머니와 어린아이가 집으로 돌아가던 길에, 햇볕에 반짝이는 수박밭을 발견했습니다. 밭은 수박으로 가득 차 있었고, 어머니는 깊은 밤에 아무도 없을 때 수박 하나를 가져오기로 마음먹었습니다. 그녀는 이곳은 수박이 많으니 아무도 모를 것이라 생각하며, 아이에게 주변을 살피게 했습니다.

　어머니가 큰 수박 하나를 집으려 할 때, 갑자기 양심이 괴로워 잠시 멈칫했습니다. 하지만 다시, '아무도 모를 거야'라는 생각에 손을 뻗었습니다. 이때, 혹시나 하여 아이에게 "아무도 없지?"라고 물었습니다.

　아이는 순진하게 대답했습니다. "엄마, 괜찮아. 달님 말고는 아무도 보고 있지 않아요."

　아이의 말을 듣는 순간, 어머니는 깊은 공포와 함께 큰 충격을 받았습니다. 어머니는 곧바로 아이에게 달려가 안았습니다. "잘 말해주었어, 사랑하는 아가야. 아무도 보고 있지 않다고 해도 하늘에 계신 하나님은 보고 계시지. 우리가 비록 달밖에 보지 못해도, 그분은 우리의 모든 행동을 지켜보고 계셔. 네가 달님이 보고 있다고 말해주어 나를 깨우쳐 주었어. 너는 정말 내 천사야."

어머니는 아이를 꼭 안고 볼에 입을 맞추며, 아이 덕분에 큰 실수를 저지르지 않게 되었다는 사실에 감사했습니다.

'아무도 모르겠지'라는 생각이 파멸을 초래한다

나쁜 짓을 저지를까 말까 생각할 때 악마는 이렇게 속삭인다. "아무도 보고 있지 않아. 하나 훔친다고 해도 아무도 몰라. 하나쯤은." 악마의 수법은 처음에는 부드러워서 죄를 지을까 말까 하는 갈림길에 서서 유혹을 느끼게 한다. 그러나 그 유혹에 넘어가면 "한 번이든 두 번이든 똑같아. 여기서 이제 훔치지 않는다고 해도 이전의 기억이 없어지는 것은 아니야. 한 번 훔치는 거나 세 번 훔치는 거나 같아."하며 유혹한다. 나쁜 짓은 점점 커지게 된다. 이것이 악마의 수법이다. 죄의식은 나쁜 짓을 거듭하면 할수록 줄어들게 된다. 도스토옙스키도 "사람이란 익숙해지는 동물이다."라고 말했다. 따라서 이 이야기의 교훈은 악마와의 싸움, 즉 '나쁜 짓을 하고 싶은 유혹'과의 싸움은 처음이 중요하다는 것이다. '하늘이 알고 땅이 알고 네가 알고 내가 안다.'는 말이 있다. 일반적으로 '아무도 아는 사람이 없다고 해도 하늘에 계신 신은 알고 있으며 자신도 상대도 알고 있기 때문에 부정한 일은 반드시 드러난다.'는 의미로 쓰인다. 또한 '사람이 보고 있든 보고 있지 않든 자신의 행동을 숨겨서는 안 된다. 평소에 자신이 옳다고 생각한 것을 해야 한다.'라는 의미로 쓰이기도 한다.

'누군가 보는 것'에 대해 생각을 해보자. 어떤 사람이든 누군가가 보이면 나쁜 짓을 하기 어렵다. 그렇다면 진짜 사람이 아닌 사람의 눈이 그려진 그림이나 사진으로도 효과가 있을까? 신기하게도 큰 효과가 있다. 홋카이도 시호로에서는 불법 투기를 방지하기 위해 '사람의 눈이 그려진 사진'을 붙여 놓았다. 효고 현 고베 시에서는 위법 주정차 금지를 위해 '눈을 확대한 간판'을 배치했다. 둘 다 효과를 보고 있다고 한다. 빈집이어도 '누군가 보고 있다는 느낌'이 들면 마음이 편하지 않아서 집에 붙어 있는 사진을 뒤집어 놓아야 범행을 할 수 있다고 한다. 사람이 아닌 사진이나 그림이어도 '사람의 눈이 신경 쓰이는 것'이 신기한 사람의 심리이다.

NO. 36

백만 분의 일의 운명

멕시코의 한적한 해변에서 저녁노을이 가까워오는 가운데, 친구는 멀리 한 남자가 뭔가를 바다에 던지는 모습을 발견했습니다. 호기심이 동한 친구는 그 남자에게 다가가 무엇을 하는지 물었습니다. 남자는 조용히 불가사리를 하나씩 주워 바다로 돌려보내고 있었습니다.

친구는 그 행동의 효과에 의문을 제기했습니다. "이렇게 많은 불가사리 중에 몇 개만 돌려보내도 소용이 없지 않나요? 전 세계에는 수많은 해변이 있고, 당신 혼자서는 모든 불가사리를 구할 수 없을 텐데요."

그러나 남자는 친구의 말에 개의치 않고, 다시 한 마리의 불가사리를 부드럽게 바다로 던지며 말했습니다. "물론, 내 힘으로 모든 불가사리를 구할 수는 없습니다. 하지만 바로 이 불가사리에게는 전 세계가 바뀐 것이죠." 남자의 미소에서는 조용한 결의가 느껴졌습니다.

아주 작은 힘이 모여 큰 힘이 된다

　모든 불가사리를 살릴 수 없기 때문에 그 행동이 무의미하다거나, 한 마리의 불가사리만 살려주는 것이 불공평하다고 말하는 것은 억지다. 그것은 자기기만(자신의 양심이나 본심에 어긋난다는 것을 알면서도 무리해서 정당화하는 것)이라고 볼 수 있다. 바다로 돌아간 한 마리의 불가사리가 마음으로 기뻐한다면 그 한 마리의 불가사리를 구하는 것은 의미 있는 일이다.

　곤란에 처한 사람을 만났을 때 우리는 먼저 '내가 무엇을 할 수 있을까?'하고 생각한다. 그러나 바로 '내가 해줄 수 있는 것이 없어서 무엇을 해도 바뀌지 않아.'라고 다시 생각한다. 막연한 무력감에 휩싸여 일상생활 속에 휩쓸린다. 그러나 정확하게 말하면, 한 사람의 힘은 부족하지 않다. 힘이 작을 뿐이다. 무력(無力)은 아무리 더해도 그 힘은 제로이다. 하지만 조그만 힘이라도 보태면 큰 힘이 된다. '나비효과'라는 말을 들어본 적이 있는가? 어느 한 곳에서 일어난 나비의 날갯짓이 멀리 떨어진 장소에 영향을 미칠 수 있다는 표현이다. 이 개념을 최초로 발견한 기상학자 에드워드 로렌츠는 강연에서 "브라질에서 나비의 날갯짓이 텍사스에 토네이도를 일으킨다."라는 말의 유래에 대해서 말했다. 물론 바람이나 파도 등의 기상에는 여러 가지 불확실한 요소가 관련되어 있기 때문에 무엇이 원인이고 어떤 상황인지 설명하는 것은 매우 어렵다. 그러나 실제로 브라질에서 나비의 날갯짓이 텍사스에 토네이도를 일으킨다는 말이 일리가 없다고 할 수는 없다.

처음에 힘이 부족해도 힘이 모이거나 시간이 지나면서 어느 정도의 영향으로 나타날지는 아무도 모른다. 이는 자연현상뿐만 아니라 사회현상에도 적용된다. 아주 작은 변화가 계기가 되어 매우 큰 변화를 일으킬 수 있기 때문이다.

NO. 37

여우와 곰

한 남자가 숲속을 걷다가 심하게 다친 여우를 발견했습니다. 여우는 사냥꾼들에게 쫓기다 다쳐, 굶주림과 상처로 죽음에 가까웠습니다. 그런데 갑자기 한 곰이 나타나 사냥한 먹이를 여우 곁에 떨어뜨리고 갔습니다. 이 장면을 목격한 남자는 놀라움을 금치 못했습니다.

남자는 이튿날과 그 다음 날에도 숲을 방문해, 곰이 계속해서 여우에게 먹이를 제공하는 것을 보았습니다. 이 모습에서 큰 교훈을 얻은 남자는 신에게 기도했습니다. "신이시여, 저도 이 여우처럼 신의 사랑을 믿습니다."

그러나 남자가 기다리며 신에게 의지만 할 때, 아무런 도움도 받지 못했습니다. 남자는 절망감을 느끼고 숲을 떠나 마을로 돌아가며 신을 원망했습니다. 특히 배고픈 아이를 만나고 나서는 더욱 분노했습니다. "신이시여, 왜 당신은 이 불쌍한 아이에게 아무것도 주지 않으시는 것입니까?"

그때 신이 말했습니다. "나는 너를 인간으로 창조했다. 너는 그 곰을 보고 배웠는데 그 여우처럼 행동하고 있구나."

당신은 남을 위해 무엇을 할 수 있는가?

산속에서 남자가 본 것은 상처 입은 여우가 곰에게 먹이를 받는 광경, 반대로 말하자면 곰이 상처 입은 여우에게 먹이를 주는 광경이었다. 이것을 본 남자는 자신이 상처 받은 사람도 아닌데 곰이 아닌 여우처럼 되려고 했으며, 배가 고픈 남자는 신이 무엇을 해줄 것을 기다렸다. 하지만 아무 일도 일어나지 않았다. 화가 난 남자는 가난한 아이에게 손길을 뻗으려고 하지 않았으며, 신이 아이들에게 무엇을 해줄지 만을 기다렸다. 그러나 신은 도움의 손길을 뻗지 않으며, 오히려 이러한 남자의 태도에 신은 실망했다. 남자는 곰을 보고 교훈을 얻었을 텐데 곰처럼 행동하지 않았다. 남에게 베풀 수 있는 입장인데 주는 입장이 아닌 받는 입장을 택했다. 이 이야기의 교훈은 "받는 사람이 되려고 하지 말자. 주는 사람이 되자."는 것이다. 이 이야기를 듣고 "나라가 당신에게 무엇을 해 줄 수 있는지 묻지 말고, 당신이 나라를 위해서 무엇을 할 수 있을지 생각하라."(1961년 제35대 아메리카 합중국 대통령 취임 연설, 존 F 케네디)는 명언을 떠올렸다.

부족하지 않은 사람이 부족한 사람에게 무언가를 제공하는 경우는 두 가지로 생각해볼 수 있다. 하나는 주민이 납부한 세금이 국가나 지방자치제에 의해 재분배되는 것이다. 다른 하나는 개인이 기부하는 것이다. 전자는 정의로운 일이다. 정의란 사회 전체의 행복을 보장하는 질서를 실현하고 유지하는 것으로, 이는 정치와 관련이 깊다. 후자는 넓은 마음의 도덕심과 관련이 있다. 철학자 앙드레 콩트 스퐁빌은 《미덕이란 무엇인가》라는 책에서 정의와 넓은 마음의 차이에 대해 설명하고 있다. 넓은 마음은 주관적이며 개인적이고 감정적이며 자발적이다. 이에 반해 정의는 보다 객관적이며 보편적이며 지적이며 이성적이다.

일본에는 기부 문화가 자리 잡지 않았다. 압도적인 기부 후진국이다. 《AERA》에 실린 기사 '세금으로 공헌, 생활에 여유 없음'(2016년 7월 4일)에 따르면 일본의 두 명 이상의 세대에서 연간평균 기부 금액은 겨우 3403엔(총무부, 가계조사 2015년)이었다. 2015년 CAF(영국자선지원재단)가 발표한 WGI(World Giving Index 세계기부지수) 순위에서 일본은 145개국 중 137위로 선진국 중에서는 압도적으로 최하위다. 기부자 수도 2011년 동일본 대지진이 일어났을 때 7026만 명을 최고점으로 그 이후로는 수치가 떨어지고 있다. 무엇이 일본인들에게 기부에서 멀어지게 하는 것일까? 일본은 공동체 일은 국가가 하는 것이라는 의식이 강해서 세금으로 사회에 공헌을 다 하고 있다고 생각하는 사람이 대부분이라는 것이다. 일본인은 가까운 사람이나 고객에게는 매우 친절하다. 그러나 타인에게는 무관심하며 사회적 약자(유모차를 끄는 여성, 임산부, 장애인, 고령자)에게는 차갑다. 외국에서 거리를 걷다보면 아무리 애정이 없고 무서운 얼굴을 한 젊은이도 사회적 약자를 보면 서로 앞을 다투어 도움의 손길을 뻗으려고 하는 광경을 몇 번이나 본 적이 있다. 일본을 방문하는 외국인에게 일본인이 친절한 이유는 그들이 고객이기 때문일 것이다.

넓은 마음과 대립하는 것은 이기주의이다. 이기주의가 더 뿌리가 깊으며 넓은 마음이 상대적으로 약한 경향이 있다. 그래서 우리들은 기본적으로 이기주의자로 살아간다. 하지만 그렇다고 해서 우리들은 이기주의자로만 살아갈 수는 없다. 언제나 넓은 마음을 갖는 것은 어렵지만 마음을 넓히도록 노력할 수는 있다. 넓은 마음이란 인색하지 않은 도덕심과 관련된다. 마음이 넓은 사람은 인색하지도 않고 낭비하지도 않는다. 그 중간에 위치한다. 넓은 마음으로 자비로운 행동을 할 때, 사람은 본성으로 가지고 있는 이기주의에서 해방될 수 있다.

NO. 38

돌가루수프

   한 여름 저녁, 멋진 나그네가 시골 마을의 한 여성의 집에 찾아와 먹을 것을 청했습니다. 여성은 미안하게도 집에는 아무것도 없다고 말했습니다. 나그네는 웃으며 대답했습니다, "걱정 마세요. 제 가방 속에는 특별한 돌가루스프가 있습니다. 이것만 있으면 세상에서 가장 맛있는 스프를 만들 수 있죠. 그저 물만 끓여주시면 됩니다."

   여성은 궁금증을 참지 못하고 물을 끓이기 시작했고, 이 소식은 이내 옆집으로 퍼져 나갔습니다. 나그네는 뜨거운 물에 돌가루스프를 넣고 휘저으며 맛을 봤습니다. "아, 감자가 조금 들어가면 완벽할 텐데요."

   마을의 한 주민이 자신의 집에서 감자를 가져와 스프에 추가했습니다. 그 다음 고기, 채소, 소금, 그리고 양념까지 더해지면서, 스프는 점점 풍성해졌습니다. 나그네의 제안으로 모든 마을 사람들이 자신의 재료를 기꺼이 기여했고, 그 결과로 만들어진 스프는 모두에게 충분했습니다.

사람들은 자신의 그릇을 가져와 맛있는 스프를 함께 나누며, 이 날을 축제처럼 즐겼습니다. 웃음과 대화가 넘치는 가운데, 나그네는 자신이 가져온 돌가루스프의 비밀을 남기고 조용히 그 자리를 떠났습니다.

'나그네'가 지역 공동체에 하는 역할

이 이야기에서 나그네는 지역 공동체 생활에 촉매 역할을 한다.(혹시 몰라 촉매라는 단어를 설명해두고자 한다. 촉매란 자신은 변화하지 아니하면서 다른 물질의 화학 반응을 매개하여 반응 속도를 빠르게 하거나 늦추는 일을 하는 물질이다.) 돌맹이 스프는 '평범한 모양의 돌맹이'는 아니었지만, 돌맹이에 맛있는 성분이 담겨있는 '마법의 돌맹이'도 아니다. '아무것도 변하게 할 수 없는 가루'가 지역에 잠들고 있던 자원과 집 안에 박혀있던 주민들을 불러내어 이들을 융합시킴으로써 축제 분위기가 이루어졌다.

지역 공동체와 나그네에 대해 생각해보자. 히로이 요시노리는 《커뮤니티를 다시 묻다》에서 커뮤니티를 '사람이 무언가에 대해 귀속의식을 가지고 구성 일원으로써 연대하거나 상호 의식을 가지고 행동하는 것'이라고 정의했다. 특징은 다음과 같다.

- 가족 커뮤니티 창조야말로 원숭이에서 사람으로 진화한 결정적인 요소이다.
- 가족 커뮤니티가 막연한 사회에 직접적으로 연결되는 것이 아니라 중간적인 집단으로써 지역 커뮤니티가 존재한다.
- 가족 커뮤니티, 지역 커뮤니티와 상관없이 어머니적인 존재가 내부 중심적인 역할을 하며 부모적인 존재가 내부와 외부를 연결하는 역할을 한다.

여기서 주목해야 할 것은 지역 커뮤니티는 외부에 대해 개방적인 성격을 가지고 있다는 것이다. 안정된 지역 커뮤니티는 어머니와 같은 존재(보호)뿐만이 아니라 아버지와 같은 존재(공격)도 필요하다. 안정이란 절대 변화하지 않는 것이 아니다. 필요한 부분을 지켜가면서 능숙하게 갱신을 해가는 것이다.

그렇게 생각하면 이 나그네는 지역 커뮤니티 밖에 있는 아버지와 같은 존재이다. 성공한 곳에서는 대부분의 경우 '외부인, 젊은이, 어리석은 자'라고 불리는 인재가 관련이 있다. '외부인'이기 때문에 외부에서 객관적으로 볼 수 있다. '젊은이'이기 때문에 구습에 매이지 않고 새롭게 도전 할 수 있다. '어리석은 자'이기 때문에 상식 밖의 개념으로 흔들리지 않는 신념을 가지고 활동할 수 있다. '외부인, 젊은이, 어리석은 자'라는 존재를 모두 합치면 '나그네'가 될 것이다.

8장
과학기술과 사회의 관계

NO. 39

개구리와 전갈

강가에서 한 전갈이 저쪽 강가로 건너가길 원했습니다. 그때, 개구리가 나타났고 전갈은 부탁했습니다. "저를 등에 업고 강을 건널 수 있나요? 저쪽에 가야 할 중요한 일이 있어요."

개구리는 의심스러운 눈으로 전갈을 바라보며 말했습니다. "농담하지 마. 가는 도중에 나를 찌를 수도 있는데. 그러면 나는 물에 빠지고 말꺼야."

전갈은 진지하게 답했습니다. "당신을 찌르면 저도 함께 죽습니다. 제 자신을 해칠 이유가 무엇이겠습니까?"

개구리는 전갈의 논리에 납득하고, 결국 전갈을 등에 태웠습니다. 두 생명체는 함께 강을 건너기 시작했습니다. 하지만 강의 한가운데에서, 개구리는 갑작스러운 통증을 느꼈습니다. 전갈의 독침이 등을 찔렀던 것입니다.

"왜 나를 찌르는 거야? 이제 우리 둘 다 죽을 텐데!" 개구리는 비통해하며 물었습니다.

전갈은 물에 빠지면서도 차분하게 대답했습니다. "미안해요, 하지만 이것이 제 본성이에요."

'알고는 있지만 그만둘 수 없는' 인간의 본성

이 이야기의 교훈은 '인간이 가지고 태어난 성격은 쉽게 변하지 않는다.'는 것이다. 동창회나 동호회에 나가서 오랜만에 만난 친구를 보고, '저 녀석 변했네.'라고 생각하는 경우가 있다. 하지만 사람의 근본적인 성격은 변하지 않는다.

전갈을 인간, 개구리를 지구라고 생각해보자. 지구가 없어지면 사람도 없어지게 된다. 이는 모두가 알고 있다. 그렇다면 지구를 파괴할 만한 일을 하지 말아야 할 것이다. 하지만 인간은 지구를 병들게 하고 파괴한다. 파괴된 지구는 인간에게 물었다. "바보같이 왜 나에게 이런 짓을 했어?" 인간은 대답했다. "알고는 있지만 어떻게 할 수가 없었어. 이것이 인간의 본성이니까." 원래 지구는 인간의 것만이 아니다. 인간이 지구를 병들게 하는 것은 다른 생물에게 폐를 끼치는 행위이다. 근대 이후 사람은 자신을 '대지의 주인'이라고 착각하여 자연의 지배자로 군림했다. 자연을 유용한 자원으로 보고 다른 동물과 식물을 마음대로 취급해도 좋다고 생각하게 되었다. 인간은 동물 취급을 정당화하는 수단으로 동물들을 영화나 소설 속에서 악마처럼 묘사하고 있다. 그러나 사실은 반대다. 동물들이 영화나 소설을 만든다면 틀림없이 인간을 악마로 묘사할 것이다.

NO. 40

원숭이와 우물에 비친 달

옛날 인도의 한 숲속 마을에는 50마리의 원숭이가 살고 있었습니다. 이들은 평화롭게 숲에서 살아가며 때때로 인간들의 눈에 띄지 않는 신비한 모험을 즐겼습니다. 어느 날, 이들은 숲속을 누비다가 우연히 깊고 오래된 우물을 발견했습니다.

두목 원숭이는 우물 안을 들여다보다가, 물에 비친 달을 발견하고는 큰 소리로 외쳤습니다. "동료들이여, 보라! 달이 이 우물에 빠져 죽어가고 있어! 우리가 달을 구해야 한다. 그래야 밤하늘의 어둠을 지울 수 있을 거야."

다른 원숭이들은 두목의 제안에 흥분해 동의했고, 그들은 달을 구하기 위한 계획을 세웠습니다. 두목 원숭이의 지휘 하에 가장 큰 원숭이가 그의 꼬리를 잡고, 그 다음으로 큰 원숭이가 다시 꼬리를 잡는 식으로 체인을 형성했습니다.

　원숭이들은 우물 가장자리의 나뭇가지에 매달리고, 하나둘씩 이어져 우물 속으로 내려갔습니다. 마지막 원숭이가 물 속에서 달을 향해 손을 뻗으려 할 때, 그 순간 나뭇가지가 그들의 무게를 견디지 못하고 부러졌습니다. 순식간에 모든 원숭이들이 우물 안으로 추락했고, 결국 모두 물에 빠져 죽고 말았습니다.

달은 바라보는 것이다

　이 우화의 교훈은 '자신의 분수를 알지 못하고 바라면 실패한다.'는 것이다. 원숭이도 인간도 하늘의 달을 따려고 기를 쓴다. 달 표면에 있는 자원을 개발하려는 프로젝트로 미츠비시 머티리얼이 우주항공 연구개발 기구(JAXA)와 함께 미래를 위해 달 표면의 건설 자재로 사용할 수 있는 콘크리트에 대한 공동 연구를 시작했다. 자원 개발과 우주 관측을 위해 2030년까지 달 표면에 유인 기지를 건설하려고 한다. 건물, 도로 등 인프라 건설에 달의 토양에 포함된 유리 성분으로 제조한 콘크리트 블록을 사용하는 것을 검토하고 있다.

　일본인들에게 달은 '토끼가 방아 찧는 곳'으로 알려져 있다. 일본뿐 아니라 한국이나 중국, 동남아 국가에서도 달 표면에서 토끼의 모습을 볼 수 있다. 불교 설화의 '자타카 이야기'에서 유래되었다.《달의 과학》(아오키 저, 페레 출판사) 일본인에게 고전적으로 '다른 세상'의 이미지는 산 속이나 바다 위, 그리고 달이었다. 일본 최고 문학작품으로 꼽히는 《타케토리 이야기》를 보면, 대나무에서 태어난 카구야 공주는 타케토리 영감부부에게 자라 점점 아름다운 여성으로 성장한다. 어느 날, 카구야 공주는 자신이 '달에서 온 사람'이라고 밝히고 만월의 밤에 달로 돌아간다. 여기서 달은 '저승'이다. 카구야 공주는 '저승'에서 죄를 지은 벌로 지구에서 살게 되었다. 그리고 얼마 후 지구를 떠나 저승으로 가게 되었다.

소설가 나쓰메 소세키가 영어 교사였을 때, 학생 한 명이 'I love you.'라는 말을 '너를 사랑한다.'라고 번역한 것을 보고 "일본인은 그렇게 말하지 않아요. '달이 예쁘네요.'라고 번역하세요."라고 했다는 유명한 일화가 있다. 이런 이미지가 단번에 깨진 것은 1969년 7월 20일, 인류 최초로 달 착륙에 성공한 아폴로 11호 때문이다. "한 인간에게는 작은 도약이지만 인류에게는 위대한 비약이다."라는 닐 암스트롱 선장의 말에 많은 사람들은 감동했다. 칼럼니스트 야마모토 나쓰히코는 '달은 바라보는 것이다.'《독설》(중앙 공론 신사)라고 말했다. 야마모토는 비꼬아 한 말이다. 달 표면의 자원개발이 진행되고 있다는 뉴스를 보고 야마모토 말에 동감했다. 달을 멀리서 바라보는 행위, 실제로 달에 가는 행위, 달의 자원을 개발하겠다는 행위는 분명히 차원이 다르다.

    과학기술은 존재하는 것을 '이익이 되는 것'으로 바꾸며, '이익이 되는 것'이라는 관점에서만 봤을 때 존재와 관련된다. 현대인에게 달은 향락과 쾌락을 얻기 위해 이익이 되는 자원일 뿐인가? 또한 여기에서 생기는 물음은 '인류는 우주를 어지럽혀도 괜찮은 것인가?'이다. 우주 비즈니스나 우주여행, 우주로의 이주 등 찬성과 부정은 둘째치고 인류가 우주에 진출했을 때 어떠한 미래를 예상할 수 있을까.《우주 인류학의 도전》(오카다 히로키 타편, 쇼와당)에 다음과 같은 '괴상한 미래'를 표현하고 있다. 소행성은 무수하지만 인류가 살 곳은 아니다. 이주 환경에 적응을 못하고 멸종하는 사회도 있지만 환경에 잘 적응하면서 살아남는 데 성공하는 사회도 있다. 달에 사는 인류가 어떤 모습을 하고 있는지는 상상하기도 싫다. 유전자공학, 사이보그 의료, 나노테크놀로지로 스스로를 진화시키면서 다양한 환경에 적응한 인류는 우리가 상상하는 것보다 더 '기묘한 존재'(생물학자 J.B.S. 홀덴)가 될 것이다. 우주 시점으로부터 보면 다양하고 풍요로운 진화일지도 모르지만, 지구 시점으로부터 보면 섬뜩하고 무서운 미래의 도래다.

    흔히 우주개발은 꿈과 희망이라고 한다. 그러나 보다 나은 내일의 장밋빛 꿈이란 인류가 우주에서 활로를 찾아낼 가능성을 뜻하는 것이 아니다. 인류가 우주로 진출하는 행동은 바다에 살고 있는 생명이 육상으로 진출하거나 아프리카에서 탄생한 인류가 숲에서 사바나로, 세계로 진출해 간 것과 같다. 호기심 충족과 생존권 확산의 인간성이 이러하다면 우주로의 진출은 멈출 수 없다. 이러한 움직임은 전문가들의 과학기술 지식이 주도권을 잡으면서 자본주의가 갖는 프런티어 정신, 국가적 위신과 군사적 시위(示威) 등과 맞물려 나아간다. 전문가들은 과학기술의 진보는 인간의 행복으로 이어진다는 전제를 가지고 있다. 그러나 전문가가 아닌 일반인들 입장에서 보면, 과학기술의 진보가 행복으로 어떻게 연결될지 짐작이 가지 않는다. 좁고 엄밀한 '전문적 지식'은 애매하기 때문에 통찰적인 '상식적 지식'에 의해 검증될 필요가 있지 않을까.

NO. 41

마법사의 제자

　어느 날, 마법사 스승이 제자에게 욕탕에 물을 채워 두라는 임무를 맡기고 집을 나섰습니다. 제자는 일의 번거로움을 피하고자 마법을 사용하기로 결정했습니다. "이 마법 빗자루로 강물을 길어 올 수 있겠군!" 그는 마법 주문을 외웠고, 빗자루는 양동이를 들고 강물을 긷기 시작했습니다.

　처음에는 모든 것이 잘 진행되는 것처럼 보였습니다. 빗자루가 자동으로 욕탕을 가득 채웠고, 제자는 자신의 아이디어에 만족하며 편안히 휴식을 취했습니다. 하지만 빗자루는 계속해서 물을 길어오며 욕탕을 넘쳐흘리기 시작했고, 집 안은 곧 물바다가 되었습니다.

　제자는 빗자루를 멈추기 위해 명령을 내렸지만, 마법 빗자루는 계속해서 물을 길어 왔습니다. 마법의 주문을 기억하지 못한 제자는 결국 빗자루를 부수기로 했습니다. 하지만 도끼로 빗자루를 쪼갤 때마다, 빗자루는 두 개로 나뉘며 더 많은 물을 집 안에 쏟아 넣었습니다.

결국 제자는 스승이 돌아올 때까지 물을 피해 이층으로 도망쳐야 했습니다. 스승이 돌아와 혼란을 발견하자, 즉시 마법 주문을 외워 빗자루를 멈추게 했습니다. 제자는 스승에게 크게 꾸중을 듣게 되었습니다.

과학기술의 진보와 '바람직한 삶'

이것은 유럽의 오래된 이야기이다. 독일의 문호 괴테는 이 이야기를 시문에 집어넣었고, 프랑스 작곡가 폴 뒤카 Paul Dukas는 이를 교향시로 작곡했다. 무엇보다 이 우화를 세상에 널리 알린 것은 월트 디즈니 제작 애니메이션 영화〈판타지〉(1940년)였다.

이 우화의 교훈은 무엇일까. 일상적인 관점에서 보면 '태만한 마음은 결국 도움이 되지 않는다.', '어중간한 지식으로 일에 임하면 큰일 난다', '시작은 누구나 할 수 있다. 끝맺음을 잘하는 것이 더 중요하다.'일까. 일상적인 관점이 아닌 문명론적 관점에서 이 우화를 보면 어떤 교훈을 얻을 수 있을까.

문명비평가 루이스 멈포드Lewis Mumford는 《기술과 문명》에서 마법사 제자 이야기는 사진으로부터 미술작품 복제, 자동차로부터 원자폭탄에 이르기까지 인간의 모든 활동에 해당된다. '기술의 진보는 마치 브레이크와 핸들은 없고 엑셀만 있는 자동차와 같은 것으로, 유일하게 할 수 있는 조작은 기계를 빨리 작동시키는 것'이라고 말한다. 멈포드가 말하는 것은 이념 없는 과학기술의 진보는 브레이크도 핸들도 없고 액셀만 있는 자동차 같으며 인간상실의 위기를 초래한다는 것이다.

이 우화에서는 '빗자루'가 원자력 발전 같다고 생각했다. 처음에는 편하고자 만들었다. 그러나 제자는 멈추지 않고 계속 늘어나는 물을 앞에 두고 허둥지둥 하고 있었다. 두 개가 네 개로, 네 개가 여덟 개로 불어나는 빗자루의 모습이 핵분열을 상기시킨다. 이야기에서는 마법사 스승이 돌아와 주문을 외우자 일단락되었다. 그러나 우리는 마법을 부릴 줄 모른다.

2011년 3월 11일 동 일본 대지진 때, 후쿠시마에 위치한 제1원자력 발전소의 멜트다운 사고는 충격적이었다. 원전 사고는 자동차 사고나 비행기 사고와는 차원이 다르다. 방사능이 일단 누출되면, 광범위한 땅을 장기간 사용할 수 없다. 토양이 대규모로 오염되어 서식하고 있던 많은 생물들도 피해를 입는다. 뿐만 아니라 오랜 세월 동안 축적된 전통과 관습이라는 예지도 파괴된다. 피해지역으로부터의 퇴거를 선고받은 주민들은 일하는 장소와 살아갈 장소를 잃어 지역 커뮤니티는 붕괴하게 된다. 만일, 원자력 발전 사고가 대폭발을 일으켰다면 당시의 칸 나오토 수상이 말한 것처럼 '동일본의 멸망'뿐만이 아니라, 도쿄도 멸망할 가능성이 있었다. '결국 과학기술은 우리가 잘 다룰 수 있는 한계를 넘어 버렸다.'고 많은 일본인들이 생각하고 있다.

여기서 생각해볼 것은 '과학기술의 발전에 대해서 어디서 선을 그어야 하는가, 가능하다면 그에 따른 근거는 무엇인가.'하는 질문이다. 하지만 그러한 근거는 없고 선도 그을 수 없기 때문에 과학기술은 앞으로 나아갈 수밖에 없다고 말하는 사람들이 있다. 반면 선을 그을 근거를 찾을 수 있다는 의견도 있다. 엑셀만 있는 자동차를 전자(前者)로, 엑셀 뿐 아니라 브레이크와 핸들이 달린 자동차를 후자(後者)라고 보면 된다. 전자는 '신칸센(고속철도)의 미래는 리니어모터카(자기부상열차)이다. 리니어모터카 다음은 무엇인가.'라고 생각하는 것이다. 후자는 '신칸센뿐만 아니라 리니어모터카도 필요 없다. 엄청난 돈을 투입해 자연환경을 파괴하면서까지 만들 필요는 없다. 좁은 일본에서 그렇게 서둘러서 어디를 가야한다는 말인가.'라고 생각하는 것이다.

인류는 이론상으로는 분할 불가능한 것으로 여겨져 온 원자핵을 분열시키고, 천연적으로 존재하지 않는 방사성 원소를 인공적으로 만들어냄으로써 엄청난 파괴력을 지닌 핵에너지를 해방시켰다. 해방된 핵에너지를 인간의 손아귀에서 제어하는 것은 엄청난 일이다. '좋은 삶이란 무엇인가.'라는 질문을 하지 않고 산업 발전과 경제 성장, 편리성 향상이라는 근대인의 몽상과 결합되어 버렸다. 인간은 원자의 세계 속에서 살 수 밖에 없다. 이를 넘어 핵의 세계에 손을 뻗치려는 것은 인간의 욕심이다. 그 밖의 일은 신의 영역이라고 볼 수 있다. 핵의 세계는 신의 영역이다. 자신이 신이 아님을 아는 인간의 덕을 겸손이라고 한다.

NO. 42

물레방앗간의 남자

옛날 인도의 한 마을에 물레방아로 생계를 유지하는 남자가 있었습니다. 그는 대대로 물레방아의 작동 방식을 배우며 자랐고, 곡식을 효율적으로 가루로 만드는 방법을 숙지하고 있었습니다. 그럼에도 불구하고 남자는 물레방아가 어떻게 동작하는지 근본적인 원리에 대한 궁금증을 가지고 있었습니다.

어느 날, 그는 물레방아의 각 부분을 자세히 관찰하기 시작했습니다. 물레방아의 구조와 작동 원리를 이해하고자 맷돌, 회전축, 바퀴 등을 면밀히 살폈습니다. 이 과정에서 그는 물레방아가 강물의 흐름과 둑에 의해 작동된다는 중요한 사실을 발견했습니다.

이 새로운 발견에 흥분한 남자는 기존의 물레방아 관리를 소홀히 하고 강의 역학에 더 많은 시간을 할애했습니다. 그는 물레방아의 운영을 등한시하고 강에 대한 연구에 몰두했습니다. 이로 인해 물레방아는 점점 제대로 작동하지 않게 되었고, 결국 완전히 고장 나버렸습니다.

남자는 주변 사람들의 충고를 무시하고 강물 연구를 계속했습니다. 그는 물레방아를 제대로 관리하고 수리하는 대신, 강에 대한 이해를 깊이 하는 데 집중했습니다. 이 과정에서 그는 "물레방아를 이해하려면 강을 이해해야 한다"며 강의 힘과 흐름에 대한 지식이 물레방아 작동의 열쇠라고 주장했습니다.

과학이나 기술의 목적은 무엇인가

톨스토이의 《인생론》에 나오는 이야기이다. 결국 인간의 지적활동은 삶의 문제를 해결하는 데 도움이 될까? 아니다. 인생의 문제를 더 복잡하게 만들고 그 해결을 더 어렵게 만들 뿐이다. 톨스토이는 이 이야기 뒤에 "사람이 생각할 때, 중요한 것은, 생각하는 것 그 자체가 아니고, 생각하는 순서이다. 즉, 처음에 무엇을 생각하고 다음에 무엇을 생각하는지 모르면, 아무리 생각해 봐도 의미가 없다."고 말했다. 물레방아의 목적은 곡식을 잘 빻는 것이다. 이 목적을 망각하고, 맷돌이나 제방이나 물에 대해서 아무리 생각해 봐도 의미가 없다는 것이다.(아무리 논리적이라고 할지라도) 인생이 곧 그 남자가 연구하려고 한 물레방아이다. 물레방아는 곡식을 잘 빻기 위해 필요하다. 인생은 행복하게 사는 것이 목적이다. 행복한 인생을 만들어 가는 것, 좋은 인생을 만들어 가는 것. 이것이 과학과 기술의 목적이며 그것이 출발점이 되어야 한다. 그렇지만, 어느새 원래의 목적으로부터 벗어나 완전히 다른 목적이 대신해 버리고 있는 것이 현실이다.

정치학자 강상중은 《고민하는 힘》에서 이 이야기를 인용해 톨스토이는 철저히 반과학에 대해 이야기한다고 말했다. 과학은 우리가 무엇을 해야 하는지 알려주지 않을 뿐만 아니라, 인간의 행위가 원래 가지고 있던 소중한 의미를 점점 빼앗아 갈 것이라고 말했다. 분명 우리는 호기심을 바탕으로 하는 과학에 의해 점점 더 많은 지식을 쌓고 있다. 그러나 과학이 우리에게 '무엇을 해야 하는가.'를 가르쳐 주는 것은 아니다. 반대로 인간이 근원적으로 가지고 있는 소중한 것을 자꾸 잃어버리고 있는 것 같은 느낌마저 든다. 철학자인 레오 스트라우스Leo Strauss는 "현대인은 앞을 보지 못하는 거인이다."《진보냐 회귀냐》,《고전적 정치적 합리주의의 재생》(나카니시야 출판)라고 했다. 현대인이 옛날 사람보다 지식의 양이 더 많다는 것은 누구나 인정하는 일이다. 그러한 방대한 지식을 뒷받침한 과학기술의 발전으로 인간은 거대한 힘을 얻었다. 그런 의미에서 현대인은 지식의 거인이다. 그러나 거대한 힘에 대응하는 지혜나 선량함도 같이 증가했다고는 말할 수 없다. 원래 큰 힘을 갖기 위해서는 그에 따른 책임을 다해야 한다. 과학기술의 발전으로 '무엇이 선이고, 무엇이 악인가.'하는 가치 판단을 유보한 채 계속 전진하고 있다는 것을 잊어서는 안 된다. 진선미는 원래 하나였음에도 불구하고, 과학적 진실만이 독주하여 선과 미가 떠난 듯한 상태가 되었다. 그런 의미에서 현대인은 맹인이 되었다고 할 수 있다.

인생의 도리와 감사

NO. 43

두 명의 나그네와 곰

　두 남자가 숲 속을 여행하던 중 갑자기 곰 한 마리가 나타났습니다. 한 남자는 재빨리 친구를 챙기지도 않고 근처 큰 나무에 올라가 몸을 숨겼습니다. 다른 남자는 도망치다가 땅에 엎드려 죽은 척했습니다. 이는 살아있는 동물은 잡아먹지만 죽은 동물은 먹지 않는다는 곰의 습성을 알고 있었기 때문입니다. 곰은 남자의 냄새를 킁킁거리며 맡기 시작했고, 남자는 참을성 있게 죽은 척 계속 누워 있었습니다. 잠시 후, 곰은 포기하고 숲속으로 사라졌습니다.

　곰이 사라지자 나무 위에 숨어 있던 남자가 내려와 친구에게 물었습니다. "정말 집요한 곰이었네. 곰이 네 냄새를 맡을 때 정말 긴장했어. 그런데 그 곰이 네 귓가에 입을 가까이하고 무슨 이야기를 하는 것처럼 보였는데, 무슨 말을 했니?"

친구는 조용히 대답했습니다. "그 곰이 말하길, 위험에 처했을 때 친구를 버리고 도망치는 야박한 인간과는 더 이상 함께 여행하지 말라고 하더군."

손실과 이득이 없는 관계야 말로 오래 간다

'어떤 친구와 여행을 해야 하는가.'라는 것이 이 우화에서 던지는 질문이다. 여행을 인생이라고 생각하면 어떤 친구와 인생을 걸어야 하는가라는 물음으로 연결된다. 아리스토텔레스는 《니코마코스 윤리학》에서 세 가지 우정에 대해 말했다. 효용성을 위한 우정, 즐기기(쾌락) 위한 우정, 덕(선)이 있는 우정이다. 첫 번째는 도움이 되는 관계, 두 번째는 유쾌한 관계, 세 번째는 인간성에 끌리는 관계이다. 첫 번째와 두 번째에 근거한 관계는 일종의 도구이다. 나에게 무엇인가 좋은 것을 상대방으로부터 얻을 수 있기 때문에 사귀는 것이다. 도구는 대체 가능하므로 이 관계는 변하기 쉽다. 세 번째 관계는 도구가 아니라 둘도 없는 한 사람의 존재 때문에 사귀는 것이다. 이 경우, 자신에게 좋은 것을 얻는 것 이상으로, 상대가 잘 되기를 바란다는 점에서 다른 두 가지와는 다르다. 세 번째 관계는 변함없고 오래간다.

NO. 44

고슴도치 두 마리

　추운 겨울날, 두 마리의 고슴도치가 추위를 피해 서로 몸을 맞대었습니다. 그러나 서로의 가시가 몸을 찔러 불편함을 느꼈습니다. 너무 가까이 있으면 가시에 찔려 아팠고, 멀어지면 추위에 떨어야 했습니다. 이렇게 몸을 붙였다 떼었다를 반복하며, 서로를 상처 입히지 않으면서도 따뜻할 수 있는 적당한 거리를 찾아냈습니다.

적당한 거리가 좋은 인간관계를 만든다

　사람과 사람과의 거리는 물리적 거리와 심리적 거리가 있다. 여기서는 심리적 거리에 대해 생각해보고자 한다. 인간은 모순된 두 가지 마음을 가진다. '혼자 있으면 외롭다.', '누군가와 함께 있고 싶다.', '누군가 도와주면 좋겠다.'고 하는 의존하는 마음과 '혼자 있으면 편안하고 좋다.', '타인은 번거롭다.', '쓸데없는 참견은 싫다.'고 하는 자립하는 마음이다. 사람은 이 양쪽을 만족시키려고 타인과 '적절한 거리'를 유지하려고 한다. 한 사람에게 있어서 '적절한 거리'란 '기분 좋은 거리'이다. 여기서 귀찮아 지는 이유는 자신이 느끼는 '기분 좋은 거리'와 상대가 느끼는 거리가 일치하지 않기 때문이다. 이 사이를 잘 조절하는 사람을 세상에서는 빈틈없는 사람(대인관계를 두루 다루는 사람)이라고 부른다.

눈치 있게 조절하는 행동의 예를 생각해 보자. 친구로부터 식사초대를 받았을 때, 마음으로는 '참석하고 싶지 않다.'고 생각하지만, 동시에 머리로는 '거절하면 안 좋게 생각하겠지……. 어쩔 수 없이 참석해야 하나.'하고 생각한다. 마음을 따를 것인가, 머리를 따를 것인가. 이럴 때 언제나 NO(참가하지 않는다)라고 하거나, 언제나 YES(참가한다)라고 할 수만은 없다. 두 번에 한 번 정도는 건강상태나 가족사정 등을 이유로 참석하지 않을 수 있다. 이런 방법이 눈치 있게 조절하는 방법이다. 악의 없는 적절한 거짓말은 지혜이며 마음의 건강을 유지하는 데 도움이 된다.

NO. 45

사냥꾼과 새

옛날에 한 사냥꾼이 사람처럼 말하는 새를 잡았습니다. 새가 자유를 요구하며 말했습니다. "저를 놓아주시면 당신에게 세 가지 지혜를 가르쳐 드리겠습니다." 사냥꾼이 동의하자 새는 말했습니다. "첫째, 자신이 한 일을 결코 후회하지 마세요. 둘째, 불가능한 것을 믿지 마세요. 셋째, 시선을 높은 곳에 두지 마세요." 사냥꾼은 이 말을 듣고 새를 놓아주었습니다.

새가 자유를 얻자마자 나무 위로 날아올라가며 말했습니다. "바보 같으니라고, 내 모래주머니에는 엄청난 가치의 진주가 가득 차 있었어요!" 이 말을 듣고 사냥꾼은 후회와 욕심에 휩싸여 나무를 오르기 시작했지만, 결국 미끄러져 떨어져 다리를 다치고 말았습니다.

나무 위에서 새는 다시 말했습니다. "제가 드린 지혜를 하나도 실천

하지 않으셨네요. 자신의 행동을 후회하지 말라고 했고, 불가능한 것을 믿지 말라고 했는데, 어째서 내 말을 믿었나요? 또, 시선을 높은 곳에 두지 말라고 했는데 왜 나무 위로 올라가려고 했나요?"

자신을 돌아보고 현실을 겸허히 바라보자

제법 지혜로운 이야기이다. 세 가지 조언을 순서대로 보자.

첫 번째 조언은 '후회하지 말 것'이다. 후회하지 말고 반성하는 것은 인간이 해야 할 일이다. 반성은 과거를 바꾸려는 것이 아니라, 미래를 변화시키려는 것이다. 과거는 바꿀 수 없다. 바꿀 수 없는 것에 사로잡혀 자신의 생각이나 행동을 한탄해도 어쩔 수 없다. 지금 할 수 있는 일은 과거를 객관적으로 돌아보고 거기서 교훈을 얻어 더 나은 미래를 만들어 가는 것뿐이다.

두 번째 조언은 '불가능한 것을 믿지 말 것'이다. 이는 첫 번째 '후회하지 말 것'이라는 조언과도 관련이 깊다. 과거를 바꾸려는 것은 불가능한 것을 믿으려고 하기 때문이다. 세상에는 불가능한 일을 할 수 있는 것처럼 속여 돈을 버는 사람이 꽤 있다. '로우리스크 하이리턴 상품', '연리 %의 이득', '일주일 만에 극적으로 머리가 좋아집니다.', '복권 당첨 번호를 미리 가르쳐 드립니다.'와 같이 불가능한 것은 믿지 않도록 한다.

  세 번째 조언은 '시선을 높은 곳에 두지 말 것'이다. 이는 추상적인 조언으로 해석의 폭이 넓다. '뜻은 높게 두고 눈높이는 낮추고 착실하게 살아라.'는 가르침과도 비슷하다. 《세 개의 조언》, 《수피의 가르침》(이드레스 샤흐)이라는 이 이야기와 유사한 이야기가 있다. 그 이야기의 세 번째 조언은 '인간은 주어진 조건 속에 살아야 한다.'이다. 이를 해석하면 인간은 원숭이가 아니므로 나무에 올라 가지에서 가지로 이동하는 것이 불가능하다. 인간은 인간의 특성에 맞게 살면 된다는 뜻이다. 부연 설명을 하자면 인간은 자연 속에서 살아야 하며 신이 되려고 해서는 안 된다는 교훈으로도 여겨진다.

NO. 46

보기 드문 행운

　어느 날, 부처님은 제자에게 인간으로 태어난 것에 대해 어떻게 생각하는지 물었습니다. 제자는 "무척 마음에 듭니다"라고 답했습니다. 이에 부처님은 제자에게 그 기쁨의 정도를 물었고, 제자는 대답하기 어려워했습니다.

　이에 부처님은 한 비유를 들며 설명을 시작했습니다. "거대한 바다에 앞을 보지 못하는 거북이 한 마리가 살고 있었어. 이 거북이는 백년에 한 번씩만 해수면 위로 얼굴을 내밀 수 있었지. 그리고 그 거대한 바다에는 통나무가 하나 떠 있었는데, 그 통나무 가운데는 작은 구멍이 하나 뚫려 있었어. 바람과 파도에 의해 통나무는 끊임없이 움직이며, 동서남북으로 표류했네. 생각해보게, 백년에 한 번씩만 물 위로 올라오는 그 거북이가 우연히도 그 통나무의 구멍에 정확히 머리를 맞추어 넣을 수 있을까?"

제자는 그런 일이 발생할 확률이 극히 낮다고 생각하여 "그런 일은 있을 수 없습니다"라고 대답했습니다. 부처님은 다시 물었습니다, "정말 절대 일어나지 않을까?" 제자는 "아마도 몇 억 년, 몇 조 년 후에는 가능할지도 모르겠지만, 그래도 그런 일은 있을 수 없다고 생각합니다."

부처님은 그 말을 듣고 "우리가 인간으로 태어나는 것은 그 거북이가 통나무 구멍에 머리를 넣는 것보다 더 어려운 일이네."라고 말했습니다.

어렵기 때문에 '감사한 일'

'인간으로 태어날 확률은 얼마나 될까?' 인터넷으로 검색하면 다양한 해답을 찾을 수 있다. 이 질문에 학문적으로 답하기는 어렵고 애당초 이 질문이 학문적으로 의미를 가질지도 의문이다. 하지만 초등학생 아이 같은 마음으로 이 질문을 대하면 재미있다. 나는 인간이 아닌 다른 존재로 태어날 수도 있었다. 그런데 나는 인간으로 태어났다. "인간이기 때문에 인생을 즐길 수 있다." 라고 할 수 있으니 '행운'일까? "인생은 괴로움이며, 인간 이외의 생물은 그런 것은 생각하지 않는다."

라고 할 수 있으니 '불행'일까? 어쨌든 인간으로 태어난 것은 터무니없는 확률이며, 좀처럼 있을 수 없는 일이다. 그렇기 때문에 감사한 일이다.

태어나기 위해서는 태어날 장소가 필요하다. 우리는 지구상에 살고 있다. 보다 시선을 넓히면 우주 안에서 태어났다. 이와 같이 논리를 전개했을 때, '우주가 있는 것은 당연한 일인가.' 하는 생각이 든다. 우주는 없어도 될 텐데, 우주는 있다! 우주가 있다는 것은 결코 당연한 것이 아니라 '고마운' 것이다. "왜 우주는 있는가." 라고 하는 물음에 인과관계를 따져 "빅뱅이 일어났으니까.", "신이 만들었으니까." 하고 대답할 수 있다. 그러나 "왜 빅뱅이 일어났는가.", "왜 신이 만들었는가." 에는 대답할 수 없다. 우주가 존재하는 것, 지구가 존재하는 것, 인간이라는 생물이 존재한다는 것, 그리고 자신이 존재하는 것은 너무나 희귀한 일이다. 모두 존재하지 않을 수도 있었기 때문이다. 오히려 모두가 존재하지 않는 것이 당연했을지 모른다. 그리고 보면 존재하는 것과 함께 존재하는 것에 대한 경탄의 마음이 절로 넘쳐난다. 이것이 감사할 일이다.

NO. 47

어느 가족의 크리스마스

　　이 이야기는 내 아버지가 전해준 할아버지, 할머니, 그리고 아버지 형제들의 이야기입니다. 1920년대 시애틀에서 일어난 일로, 내가 태어나기 전의 일이죠. 아버지는 육남일녀 중 맏형으로, 몇몇 동생들은 이미 집을 떠났습니다. 당시 아버지의 사업이 망해 가족은 극심한 경제적 어려움을 겪고 있었고, 온 세상도 대공황으로 어려움을 겪고 있었습니다. 그 해 크리스마스에, 우리 집에는 크리스마스 트리는 있었지만, 선물은 하나도 없었습니다.

　　크리스마스이브에 모두 침울한 마음으로 잠자리에 들었지만, 크리스마스 아침에 일어나 보니 트리 밑에 선물이 가득했습니다. 우리는 설레는 마음을 가라앉히고 신속히 아침 식사를 마쳤습니다. 식사 후 어머니가 선물을 풀기 시작했는데, 어머니가 잃어버렸다고 생각했던 오래된 숄, 아버지의 헌 도끼, 여동생의 낡은 슬리퍼, 남동생의 구겨진 바지, 그리고 제가 예전에 두고 온 모자가 나왔습니다. 처음에는 당황스러웠지만, 곧 이러한 이상한 선물들이 우리에게 큰 웃음과 기쁨을 가져다주었습니다. 우리 모두는 서로를 바라보며 웃음을 터뜨리고, 다음 선물을 더 열기를 기다리며 기뻐했습니다.

 이 모든 것은 동생 모리스의 장난이었습니다. 몇 개월 동안, 사라져도 크게 문제되지 않을 물건들을 조용히 감춰 두었고, 크리스마스 이브 밤에 모두가 잠든 사이에 그 선물들을 몰래 트리 아래에 놓았던 것입니다. 이 날의 크리스마스는 저에게 있어 가장 기억에 남는 크리스마스로 남아 있습니다.

 돈 글레이브스
 알래스카주 앵커리지

없는 것이 아니라 있는 것에 눈을 돌려라

 마음이 훈훈해지는 이 이야기에는 네거티브 비주얼리제이션(Negative Visualization, 이하 NV라 한다)이라고 하는 기술이 바탕에 깔려있다.

《욕망의 발견》(윌리엄 B. 어빈William B. Irvine), NV란 지금 자신이 소중히 여기는 것을 잃은 나쁜 상태를 상상하는 것으로 '나는 이미 행복하다'는 것을 확인하는 기술이다.

사람은 지금 가지고 있지 않은 것을 바라고, 손에 넣을 수 없는 것에 한숨을 내쉰다. 이미 가지고 있는 것을 바라보며 그것이 사라지면 얼마나 괴로울까를 상상하는 것이다. 가령 지금 자신의 주위에 있는 사람들(가족이나 친구), 지금 자신이 가진 것(집이나 돈), 지금 자신이 가지고 있는 능력(건강과 지혜)를 잃으면 어떨까. 범위를 더 넓혀보자. 태양과 달이 없어지면 어떻게 될까. 우리는 태양으로부터 받는 빛과 열로 살고 있다. 태양이 없다면 우리는 살아갈 수가 없다. 만약 달이 없어지면 달의 인력에 의해서 늦어진 지구의 자전 속도가 빨라지고 자전축 각도가 바뀌어 사계, 밤낮, 기온 등의 균형이 무너진다. 태양과 달이 있는 것이 당연하다고 생각하는 사람은 그 은혜에 감사하는 마음을 갖지 않는다. "감사합니다."라는 말은 '당연하지 않은 것에 감사하는 마음을 갖는 것'이다.

어빈은 NV의 주의점을 다음과 같이 설명한다. 매일 아침 NV를 하는 것은 현명하지 않다. 정기적으로 적절히 사용하면 된다. 지금 가진 것이 모두 없어진 상황을 상상하고 감정에 빠져 고민할 필요도 없다. 감정이 아니라 지각을 사용하는 것이다.

NV에 대해서, 현실과 이상이라고 하는 관점에서 정리해 보자. 이상을 갖는 것은 좋은 일이다. 그러나 이상만 바라고 현실을 직시하지 않으면서 '나는 행복하지 않다.'고 느끼는 것은 시야가 좁은 것이다. 다른 사고 방식도 있다. 현실에 시선을 돌려 자신이 실제로 가지고 있는 여러 가지 것에 고마움을 느끼는 것이다. 이상이 아니라 현실을 바라보는 것이다. 그렇게 되면 "나는 이미 행복하다."는 것을 깨닫는 경지에 이르게 된다. "나는 행복하지 않다."라고 말하는 사람이 있다면, 시선이 이상으로만 향했기 때문일 것이다.

희망에
가까워지는 법

NO. 48

쓰러질 때까지

　옛날 인도에 미라는 수행자가 있었습니다. 어느 날 그의 말이 왕의 뜻과 부합하자 왕은 그에게 말했습니다.
　"포상을 주겠네. 원하는 것을 말하게."
　미라는 땅을 달라고 요청하며 그곳에 절을 짓고 싶다고 부탁했습니다. 왕은 즉시 그의 소원을 승낙하며 다음과 같이 말했습니다.
　"그렇다면 쉬지 않고 달려서 도달한 곳까지를 당신의 절을 지을 땅으로 하겠네."
　이 말을 듣자마자 미라는 가벼운 옷차림으로 달리기 시작했습니다. 하루 종일 쉬지 않고 달리며 점점 피로를 느꼈지만, 더 많은 땅을 얻고자 하는 욕심에 그치지 않았다. 결국 한 발짝도 더 내딛을 힘이 없게 되자 그는 마지막 힘을 짜내어 손에 든 지팡이를 앞으로 던졌습니다.

"이 지팡이가 닿은 곳까지 내 땅이야!" 그는 힘겹게 외쳤습니다.

'조금만 더, 조금만 더'의 함정

'쾌락의 쳇바퀴(Hedonic Treadmill)'라는 심리학 용어가 있다. 바라고 있던 쾌락이 손에 들어와도 시간이 지나면 그 상태에 익숙해져 최초의 쾌락보다 한층 더 강한 쾌락을 요구하게 되는 인간의 특성을 나타내는 용어이다. 행복도 쾌락과 비슷하다. 사람들은 더 많은 수입이 생기면 더 넓은 집에 살고 싶고 더 큰 차를 사면 행복해질 수 있다고 생각한다. 그러나 무언가를 손에 넣어도 시간이 지나면 당연해져버려서, '조금만 더'로 향한다. 인간의 '조금만 더'에는 끝이 없다.

욕망과 비슷한 말로 욕구라는 말이 있다. 둘 다 '무엇을 원한다.'는 뜻으로 사용한다. 욕구는 생리적 욕구라는 말이 있듯이 생리적으로 '원하는 마음'이다. 반면 욕망은 인간 이외의 생물에는 없는 인간 특유의 '원하는 마음'이다. 욕구는 육체에서 오기 때문에 한도가 있다. <u>욕망은 육체적이지 않고 마음에서 오기 때문에 한도가 없다.</u> 점점 더 커져 간다. 그러다가 뇌는 폭주하는 것이다. 여기서 주의해야하는 것이 있다. 욕망을 완전히 억누르는 것은 불가능하다는 것이다. 우리가 지향하는 것은 욕망을 말살하는 것이 아니다. 그것은 살아 있는 시체가 되거나 죽어야 가능할 것이다. 우리가 할 수 있는 것은 인간은 '쾌락의 쳇바퀴' 또는 '행복의 쳇바퀴'에 빠지기 쉬운 생물이라는 것을 깨닫고, 욕망에 적절한 브레이크를 거는 마음가짐을 몸에 익히는 것뿐이다. 그것은 절제라는 덕과 관계된다.

절제란 도를 넘어서지 않는 것이다. 현대인은 지금, 물질이 넘쳐나는 세계에 살고 있다. 사람이 죽거나 병이 나는 것은 먹을 것이 없어서가 아니라, 대부분 건강에 주의하지 않기 때문이다. 풍요로운 사회가 될수록 절제라는 덕이 필요해진다. 그것은 감각의 대상을 늘리는 것이 아니라 감각의 감도를 높임으로써 적은 양으로 만족할 수 있도록 하는 기술이다.

NO. 49

코스타리카의 어부와 미국인 여행자

　어느 여행자가 코스타리카의 한 작은 어촌에서 낚시를 마치고 돌아오는 어부를 만났습니다. 어부의 보트에는 크고 아름다운 까치참치 몇 마리가 있었죠.

　"오늘 몇 시간 동안 고기를 잡았나요?" 여행자가 물었습니다.

　"그리 오래 걸리지 않았습니다," 어부가 대답했습니다.

　"더 많은 시간을 투자했다면 더 많은 고기를 잡을 수 있었을 텐데요."

　"제 가족이 먹을 만큼만 잡으면 충분합니다."

　여행자는 어부의 나머지 시간에 대해 궁금해졌습니다.

　"그러면 남은 시간엔 뭘 하시나요?"

　"아침까지 충분히 자고, 그 후에 고기를 잡으러 나갑니다. 집에 돌아가면 아이와 놀고, 아내와 낮잠을 자며, 저녁엔 친구들과 와인을 마시면서 기타를 칩니다. 제 삶은 매일 바쁘죠."

여행자는 자신의 경험을 바탕으로 조언을 하기 시작했습니다.

"저는 하버드 비즈니스 스쿨에서 MBA를 받았습니다. 좀 더 많이 고기를 잡아 판매하면 돈을 모아 큰 배를 살 수 있습니다. 그러면 어획량이 늘어나고, 이익도 증가할 겁니다. 그 이익으로 더 많은 배와 선원을 고용하고, 결국엔 생산부터 판매까지 일관된 사업체를 운영할 수 있습니다. 나중에는 사업을 확장하여 산호세나 뉴욕, 로스앤젤레스에 사무실을 두고 큰 성공을 거둘 수 있습니다."

어부는 궁금해졌습니다.

"그렇게 하려면 얼마나 걸리나요?"

"약 15년에서 20년 정도입니다."

"그 다음엔 뭘 하죠?"

여행자는 웃으며 말했습니다.

"그때가 되면 회사를 상장하고 주식을 팔아 큰 돈을 벌 수 있습니다. 그 돈으로 은퇴하고, 해안가의 조용한 마을에서 살면서 해가 뜰 때까지 푹 자고, 낮에는 낚시를 하고, 아이와 놀고, 아내와 낮잠을 자고, 밤에는 친구와 와인을 마시면서 기타를 치며 노래를 부를 수 있습니다. 완벽한 삶이죠."

자신이 가지고 있는 것을 알고 쾌락을 유용하게 다뤄야 한다

여섯 번째 장의 〈아이를 혼내는 부모〉와 줄거리가 비슷한 이야기이다. 아이를 혼내는 부모 이야기에서는 일을 하는 의미에 대해 논했다. 이번에는 이야기에 나온 두 가지 삶의 모습을 대비하며 행복에 대해 생각해 보자.

두 가지 삶의 첫 번째 차이는 현재 자족하고 있는지 여부의 차이다. 자족이란 자신이 처한 상황에 만족하는 것이다. 코스타리카의 어부는 자족하고 있으며 미국인 여행자는 자족하지 않는다. 두 사람의 차이는 현재의 행복을 추구하느냐, 미래의 행복을 추구하느냐의 차이이기도 하다.

두 번째의 차이는 분주함의 차이다. "할 일이 너무 많아서 매일 바쁘다."라는 말에 주목하자. 개발도상국 사람보다 선진국 사람들이 바쁘다거나, 옛날사람보다 요즘사람이 더 바쁘다는 것은 반드시 맞는 말은 아니다. 개발도상국 사람도 옛날사람도 바쁜 것은 변함이 없다. 다른 것은 분주함의 질이다.

평론가 후쿠다는 다음과 같은 말을 남겼다. "예전과 지금은 바쁨의 질이 다르다. 어떻게 다른가 하면, 옛날에는 바쁘기 때문에 안심하고 침착했지만, 지금은 바빠서 한가롭게 지낼 수 없게 되었다. 바꾸어 말하면, 옛날에는 무엇을 하며 그 일에 바빴지만, 지금은 무엇을 하고 있어도 일에 집중할 수 없이 바쁜 것이다. 틈은 생겼지만, 할 일도 많이 생겼기 때문일 것이다."

문명이 발전하면서 잃어버린 것은 침착한 생활이다. 침착한 생활이란 당황하지 않고 안정된 생활, 바닥에 발이 닿는 생활이다. 침착하지 못한 생활이란 당황하여 허둥대는 생활이다. 인간은 여러 가지 편리한 도구나 기계를 발명함으로써 침착한 생활을 얻으려 했다. 그러나 그 편리한 도구나 기계덕분에 틈이 생겼을 때는 그 틈을 채우는 무엇인가를 발명한다. 인생이란 기묘하다.

이 이야기에서 말하고자 하는 것은 앞의 〈쓰러질 때까지〉이야기와 마찬가지로 절제라는 덕이 아닐까. 절제란 정도를 넘어서지 않는 것이다. 그렇다고 절제가 즐기는 것을 그만두는 것도, 줄이는 것도 아니다. 그러한 자세는 금욕이며, 절제와는 다르다. 절제란, 쾌락만을 추구하는 쾌락의 노예가 되는 것이 아니라, 쾌락을 스스로 조절하는 쾌락의 주인이 될 수 있도록 노력하는 것이다.

NO. 50

세 가지 소원

옛날 한 산골짜기에서 나무꾼 부부가 살고 있었습니다. 어느 날, 나무꾼은 산속에서 평소보다 유난히 큰 나무를 발견하고 그 나무를 베려고 도끼를 들었습니다. 그 순간, 나무에서 목소리가 들렸습니다.

"그 나무는 베지 마세요."

나무꾼이 놀라 주위를 둘러보았지만 아무도 보이지 않았습니다. 다시 목소리가 들려왔습니다.

"저는 이 숲의 요정입니다. 그 나무는 숲에 매우 중요하니, 절대 베지 마세요."

나무꾼이 도끼를 내려놓으며 대답했습니다. "알겠습니다, 그럼 이 나무는 절대 베지 않겠습니다."

"당신의 선한 행동에 감사를 표하며, 소원을 세 가지 들어드리겠습니다. 일주일 안에 생각해보세요," 요정이 말했습니다.

집으로 돌아온 나무꾼은 아내에게 이 일을 이야기했습니다. 부부는 어떤 소원을 빌어야 할지 의논했습니다.

"우리 부자가 되어서 오래오래 건강하게 살자," 아내가 제안했습니다.

하지만 결정하기 전에 저녁을 먹으며 이야기를 계속하다가, 아내가 말했습니다. "이 추운 날씨에 소시지라도 구워 먹으면 좋겠어요."

그 순간 천장에서 소시지 한 개가 뚝 떨어졌습니다. 나무꾼의 부주의한 소원 하나가 이렇게 쉽게 소모되고 말았습니다.

나무꾼이 화가 나서 말했습니다. "이런 바보 같은 소시지, 네 코에나 달라붙어라!"

말이 끝나기가 무섭게 소시지가 아내의 코에 달라붙었습니다. 아내는 눈물을 흘리며 부탁했습니다. "제발, 이 소시지를 코에서 떼어주세요."

마지막 소원으로, 나무꾼은 아내의 코에서 소시지가 떨어지게 해달라고 빌었습니다. 소시지가 바닥에 떨어지며, 나무꾼은 깊은 한숨을 쉬었습니다.

행운을 잡기 위해서는 지혜가 필요하다

어느 날 나무꾼 부부에게 뜻밖의 행운이 찾아왔다. 지혜가 있는 부부였다면 그 기회를 제대로 사용해서 행운을 확실히 잡았을 것이다. 하지만 안타깝게도 이들에겐 지혜가 없어 그 기회를 제대로 쓰지 못했다. 결과적으로 행운을 놓치고 말았다. 두 사람은 후회했다. 그러나 왜 그렇게 쓸데없는 소원을 말했을까하고 후회해도 이미 늦었다. 갑작스레 행운이 찾아오는 일은 극히 드물다. 이 나무꾼 부부에게 같은 행운이 다시 찾아오지는 않을 것이다. 그런 점에서, 이 이야기의 교훈은 '행운이 찾아와도, 기회를 제대로 살릴 지혜가 없는 사람에게는 아무런 도움이 되지 않는 법이다.'라는 것이다.

'행운의 여신에게는 앞머리만 있고, 뒷머리는 없다.'는 말을 떠올리는 사람도 있을 것이다. 행운이란 인생에서 자주 찾아오는 것이 아니다. 그리고 행운은 계속 머물지 않고 눈 깜짝할 사이에 지나가 버린다. 바로 잡아야 한다. 행운을 놓쳐 버리는 이유는 세 가지가 있다.

첫째는 그것이 행운이라는 것을 깨닫지 못하기 때문이다. 이 이야기처럼 누가 보아도 행운임을 아는 경우는 별개다. 대부분의 경우 그것이 행운인지는 분명치 않다. 행운이라는 것을 깨닫는 지혜가 필요하다.

둘째는 행운은 우물쭈물하는 사이에 지나가 버리기 때문이다. "지금은 바빠서 이번 주말에…….", 라든가, "이번 여름방학에…….",라고 말하는 순간, 때는 이미 늦었다.

셋째는 용기가 부족하기 때문이다. 행운이라고 확신하면서도 자신 있게 붙잡는 열정과 용기가 부족하다. 어떤 경우에도 눈앞에 행운을 놓친 후에 잡으려고 해봐도 이미 때는 늦었다. 왜냐하면 여신에게는 뒷머리가 없기 때문이다.

NO. 51

지옥

어느 날, 한 남자가 꿈을 꾸었다. 그는 자신이 죽어서 먼 곳에 와 있음을 깨달았습니다. 그 곳은 깨끗하고 평화로운 느낌이었다. 그는 잠시 후 호기심이 생겨 물었습니다.

"여기 누구 있나요?"

그러자 흰 옷을 입은 사람이 나타나 물었습니다.

"무엇을 도와드릴까요?"

"뭔가 부탁해도 될까요?"

"물론입니다. 원하시는 것을 드릴 수 있습니다."

남자는 배가 고파 "먹을 것을 주세요."라고 요청했습니다. 그에게 원하는 모든 음식이 제공되었습니다. 남자는 먹고, 자고, 원하면 연극을 보는 등 자유롭게 시간을 보냈습니다. 하지만 시간이 지날수록 그는 모든 것이 너무 쉽게 이루어져 지루함을 느끼기 시작했습니다.

그는 다시 흰 옷의 사람을 불러 말했습니다.

"저, 좀 뭔가 할 일이 필요해요."

"죄송하지만 그것만은 드릴 수 없습니다."

이에 남자는 답답함을 느꼈고, 불평하듯 말했습니다.

"정말 지겹네요. 차라리 지옥에 있는 게 낫겠어요."

그러자 흰 옷을 입은 사람이 놀란 표정으로 대답했습니다.

"대체, 당신은 지금까지 어디에 있다고 생각하셨나요?"

소망이 아닌 의지를 갖자

2017년 4월 12일, 피겨 스케이터 아사다 마오가 기자 회견을 열고 현역 은퇴를 표명했다. 한 기자가 "트리플 악셀에게 말을 할 수 있다면?"이라는 특이한 질문을 하자, 아사다는 고민 끝에 웃으며 "왜 이렇게 쉽게 되지 않는 거야라고 말하고 싶네요."하고 대답했다. 쉽게 되지 않았던 것은 자신이 원하는 것이 쉽게 이루어지면 재미없기 때문이다. 목표를 쉽게 이룰 수 있는 세상은 천국이 아니라 지옥이다.

스포츠 선수뿐만 아니라, 대부분의 사람들은 무언가 목표를 내걸고 매일을 살고 있다. 어떤 목표를 내세우느냐가 중요하다. 포인트는 두 가지다. 하나는 필사적으로 노력하면 될 것 같지만, 실제로는 좀처럼 할 수 없는 것을 목표로 한다. 너무 어려워도 너무 쉬워도 안 된다. 또 하나는 내적 목표가 외적 목표를 따르게 하는 것이다. 예를 들어, 이번 주말에 테니스 경기가 있다고 하자. 테니스 경기에서 이기는 것은 외적 목표다. 그건 상대 나름이기 때문에 자신이 이길지 어떨지는 스스로 완전히 컨트롤 할 수 없다. 한편 경기에서 자신의 능력을 최대한 발휘한다는 목표는 내적 목표다. 이것은 상대에게 좌우되지 않고 스스로 완전히 컨트롤 할 수 있다. 외적 목표가 달성되면 그보다 더 좋은 것은 없다. 설령 그것을 달성하지 못했다고 해서, 자신이 해 온 모든 일이 헛된 일이 되는 것은 아니다.

〈쓰러질 때까지〉와 〈코스타리카의 어부와 미국인 여행자〉에서 절제할 수 있는 욕망을 갖는 것이 중요하다고 말했다. 또 하나 중요한 것은 소망이 아니라 의지를 갖는 것이다. 소망이 욕망의 양에 관한 것이라면 의지는 욕망의 질에 관한 것이다.

철학자 앙드레 콩트 스퐁빌(ANDRE COMTE-SPONVILE)은 《절망과 지복에 대한 논고》(기노쿠니야 서점)에서 소망과 의지의 차이에 대해 기술하고 있다. 요점은 다음과 같다.

① 소망은 자신이 조절할 수 없는 욕망이다. 반면 의지는 스스로 좌우할 수 있는 욕망이다. 예를 들어 "이번 일요일에 날씨가 맑았으면

좋겠다."고 생각하는 것은 소망이고, "이번 시험에서 합격점을 받고 싶다."는 것은 의지다. 후자는 자기 힘으로 어떻게든 할 수 있다.

② 소망은 자신이 모르는 것에 대한 욕망이다. 반면 의지는 자신이 아는 것에 대한 욕망이다. 예를 들어, 재해가 먼 나라에서 일어났을 경우와 가까운 지역에서 일어났을 경우를 생각해 보자. 전자의 경우는 그 상황을 알기에도 한계가 있기 때문에 관찰하는 사람에게만 존재한다. 후자의 경우는 그 상황을 알기 어렵지 않기 때문에 행동하는 사람이 될 수 있다.

③ 소망이란 자신이 갖지 못한 것, 혹은 존재하지 않는 것에 대한 욕망이며, 그렇기 때문에 즐길 수가 없다. 의지는 자신이 가진 것, 혹은 이미 존재하는 것에 대한 욕망이다. 따라서 의지의 경우는 자신의 것으로 즐길 수 있다.

소망은 지식도 힘도 없이 욕망하는 것이다. 소망은 노력으로 이어지지 않고 비활동적이다. 대부분의 경우 과거나 미래를 꿈꾸거나 공상이다. 한편, 의지란 아는 것, 할 수 있는 것에 대해 욕망하는 것이다. 의지는 노력과 결합되어 활동적이고 생산적이며, 현재 현실에 있는 것이나 자신이 가지고 있는 것을 즐길 수 있다. "의지와 노력에 의해 자신의 미래는 바꿀 수 있다"는 말에는 단순한 소망으로는 안 된다는 것과 배우는 것이 중요하다는 의미가 숨겨져 있다.

11장
배우는 마음가짐과 배우는 이유

NO. 52

힘 센 나무꾼

　옛날에 한 나무꾼이 좋은 조건을 제시하는 목공소에서 일자리를 얻었습니다. 첫 날, 그는 주인으로부터 도끼를 받고 숲으로 갔습니다. 그날 그는 열정적으로 열 그루의 나무를 베어냈습니다. 주인은 그의 성과를 칭찬하며 격려했습니다.

　이에 고무된 나무꾼은 다음 날 더욱 분발해 일찍 숲으로 나섰습니다. 하지만, 아무리 노력해도 그날은 다섯 그루 밖에 벨 수 없었습니다. 피로함을 느낀 그는 이른 저녁에 잠자리에 들었습니다.

　다음날, 그는 기운을 내어 여덟 그루의 나무를 벨 것을 목표로 했지만, 노력에도 불구하고 그 절반도 채우지 못했습니다. 이후로 매일 그의 성과는 점점 떨어져, 마침내 하루에 두 그루를 겨우 벨 정도로 떨어졌습니다.

목공소에 돌아온 나무꾼은 주인 앞에서 최선을 다했다고 솔직히 말했습니다. 그러자 주인은 나무꾼에게 질문했습니다.

"도끼를 간 것이 언제 마지막이었나요?"

나무꾼은 답했습니다.

"도끼를 갈다니요? 나무 베느라 바빠서 도끼를 갈 시간이 없었어요."

일하면서 배우고 배우면서 일한다

이 나무꾼은 도끼로 나무를 베는 일에만 전념한 나머지 '도끼를 가는' 기본적인 일을 소홀히 했다. 아무리 단단하고 날카로운 도끼라도 칼끝은 조금씩 무뎌져 간다. 칼날이 무뎌지면 작업 효율은 떨어진다. 뿐만 아니라 도끼가 튀어 부상의 원인이 될 수도 있다. 그는 그것을 알고 있었지만 나무를 베느라 바쁘다면서 '도끼를 가는' 중요한 일을 등한시했다.

나무꾼뿐만 아니라 보통 일을 하는 사람에게 '도끼를 가는' 일이란 무엇일까? 하나는 '몸 컨디션을 챙기는 것'이다. 몸이 안 좋으면 일에 집중할 수가 없다. 신체 모든 기능은 20대에 가장 활발하다. 30대 이후 근력이나 순발력, 민첩성, 지구력 등의 행동 체력, 체온 조절력, 면역력, 스트레스에 대한 저항력 등 모두 쇠약해져 간다. 이러한 쇠약은 자연의 섭리이므로 어쩔 수 없지만, 운동을 규칙적으로 함으로써, 쇠퇴해 가는 속도를 늦출 수는 있다. 또 하나는 무심코 잊어버리기 십상인 '두뇌를 단련하는 것'이다. 두뇌는 식기와 같아서, 닦는 것을 게을리 하면, 희미하게 흐려져 간다. 컨디션을 양호하게 유지하기 위해서는 일상적으로 운동을 계속하는 것이 중요하다는 것은 누구나 알고 있다. 그러나 지적 수준을 높은 수준으로 유지하기 위해서는 지속적으로 배우는 것이 중요하다는 것은 잘 알지 못하는 듯하다. 눈앞의 일을 해내는 것만 생각한 것이 아닐까. 아무리 일이 바빠도, 칼을 갈고 닦는 습관을 가지고 있지 않으면 두뇌도 지쳐 버린다.

인생의 달인은 이분법을 쓰지 않는다. 일과 배움을 나누지 않고 혼연일체가 된 상황에서 노력한다. 일을 하면서 배우고 배우면서 일을 한다는 생각을 갖는 것이 중요하다. 학생이 배우는 이유는, 사회의 일원으로서 일하는데 필요한 능력을 몸에 익히기 위해서이다. 그렇다면 사회인이 배우는 이유는 무엇일까. 현재의 일을 계속해 가는데 있어서 자신에게 부족한 능력을 보충하기 위해 배우거나, 가까운 시일 내에 이직할 계획이 있어 대비하는 경우다. 이러한 경우는 목표도 방법도 명확하다.

그러나 이것만으로 충분할까? 좀 더 높은 차원에서 배울 필요가 있다.

하나는 새로운 아이디어를 만들어 나가기 위해서다. 대부분의 기업이 다양한 형태로 혁신을 하거나 신규 사업에 임하고 있다. 새로운 것을 창출하는 것은 기존의 지식과 다른 새로운 지식을 조합하는 것이다. 그러나 지식의 양이 고갈되면, 기존의 지식은 바닥나 버린다. 이를 극복하기 위해서는, 자신으로부터 멀리 떨어진 지식을 넓고 깊게 탐구하고 새로운 지식과 기존의 지식을 조합할 필요가 있다. 그러기 위해서는 배워야 한다.

다른 하나는 일의 자유도(인생의 자유도)를 높이기 위해서다. 자유에는 선택사항이 많으며 자유도는 학습량에 비례한다. 학습의 방향성은 '되고 싶은 자기'를 넓히는 것-흥미나 관심의 폭을 넓혀 가는 것과 '할 수 있는 자기'를 넓히는 것-자신의 능력을 높여 가는 것이 있다. 흥미나 관심과 자신의 능력을 합친 일을 하는 사람들은 꽤 많다. 겹치는 면적이 넓을수록 선택사항이 많아지고, 반대로 겹치는 면적이 좁을수록 선택사항이 적어진다. 중요한 것은 자신의 능력을 높일 뿐만 아니라 흥미나 관심을 넓히는 것이다. 전자만으로는 한계에 부닥친다.

NO. 53

전병 반 조각

한 남자가 배가 고파 전병 가게에서 일곱 개의 전병을 사서 집으로 돌아왔습니다. 집에 도착하자마자 그는 전병을 먹기 시작했습니다. 하나를 다 먹었음에도 배고픔은 가시지 않았습니다. 이어서 세 개를 더 먹었지만, 여전히 배가 고팠습니다. 이후 네 번째, 다섯 번째, 여섯 번째 전병까지 차례로 먹었습니다. 그래도 아직 배고픔이 채워지지 않았습니다.

결국 남은 전병이 하나밖에 없어 그 전병을 반으로 나눠 먹기로 결심했습니다. 이상하게도 반쪽을 먹자 마자 이전의 모든 배고픔이 사라졌습니다. 남은 반쪽의 전병을 손에 든 채 그는 탄식했습니다.

"정말 바보 같군. 절반만 먹어도 충분히 배가 부를 줄 알았다면, 여섯 개나 먹지 않아도 되었을 텐데."

작은 변화를 무시하면 안 된다

바보 같은 이야기다. 전병 여섯 개를 먹은 것은 잊고 전병 반 조각만으로 배가 부른 것으로 착각한다. 이 남자는 '매일 조금씩 무언가를 하면 큰 성과를 낳는다.'것을 몰랐던 것이다. '0.01과 0.99의 법칙'을 소개한다. 1.01은 1보다 조금 크고 0.99는 1보다 약간 작다. 둘의 차이는 단 0.02이다. 하지만 이 작은 차이가 쌓이면 큰 차이가 생긴다. 실제로 이 두 개를 365번 반복하면 어떨까? 1.01의 365제곱은 37.78, 0.99의 365제곱은 0.026이다. 이렇게 큰 차이가 나는 것을 보면 누구나 놀라게 될 것이다. 말할 것도 없이 365라는 숫자는 1년을 의미한다. 날마다 1%씩 더 노력한 사람과 날마다 1%씩 손을 빼든 사람은 1년 후 이렇게 차이가 난다.

인생은 작은 선택의 반복이다. 그 선택이, 일 년 후 당신의 인생을 결정한다.

당신은 1.01을 수행할 것인가? 아니면 0.99를 수행할 것인가?

NO. 54

빈 잔

어느 날, 고승이 제자를 집으로 초대하여 그의 질문에 답하기로 했습니다. 제자는 스승에게 다가가, "스승님, 제가 가르침을 얻으려면 어떻게 해야 합니까?"라고 물었습니다. 이에 고승은 차를 준비하며 대답을 준비했습니다. 제자의 찻잔을 손에 들고 차를 부어넣기 시작했습니다. 그러나 차가 잔 가득 차오른 후에도 고승은 계속해서 차를 부었습니다. 차는 찻잔을 넘쳐 탁자 위로 흘렀고, 마침내 바닥으로 떨어졌습니다.

제자는 당황하여 외쳤다, "스승님, 찻잔이 벌써 가득 찼습니다. 더는 차를 부을 수 없어요!"

고승은 제자를 바라보며 조용히 말했습니다, "이것이 바로 너의 현재 상태다. 네 마음이 이미 생각과 선입견으로 가득 차 있어서, 새로운 지혜를 받아들일 여지가 없다. 진정으로 가르침을 받으려면, 먼저 네 마음의 그릇을 비워야 한다."

겸손함은 배움의 원천

빈 잔은 '겸손한 마음'이며, 무언가 차있는 잔은 '겸손하지 않은 마음'을 비유한다. 어떤 가르침을 받을 때 가장 중요한 것은 겸손한 마음이다. 사람의 조언을 순순히 듣고 그것을 소화할 수 있는 사람은 공부나 스포츠 실력도 늘어난다. 겸손하지 못한 고집스런 사람, 억지를 부리는 사람, 비뚤어진 사람, 독선적인 사람은 무엇을 배우더라도 그것을 받아들이려 하지 않는다. 받아들이지 않으니까, 몸에 익숙해지지 않는다. 기초 단계에 있어서는, 요령 있는 사람이나 재주가 있는 사람이 앞으로 나아가는 경우는 자주 있다. 그러나 중급이나 상급이 되면, 겸손하지 않은 사람은 큰 벽에 부딪히고 겸손한 사람은 순조롭게 성장해 간다. 둘의 차이는 확 벌어진다.

선생님이나 스승으로부터 무언인가를 배웠을 때 "네, 알겠습니다."라고 대답하는 사람은 의외로 적다. 많은 사람은 그렇게 말하지 않고, "그런데……."라고 대답한다. 게다가 "네, 알겠습니다."라고 대답한 사람 중에서도, 진심으로 그대로 해보려고 노력하는 사람은 의외로 적다. 대부분의 사람들은 들은 척만 할 뿐 제멋대로인 방식을 계속한다. 무엇보다, 인간이라고 하는 생물은, 누구에게나 겸손해질 수 있는 것은 아니다. 자신이 겸손해질 수 있는 선생님이나 스승을 찾는 노력을 아끼지 말아야 할 것이다.

NO. 55

말과 개미의 지혜

　　제나라의 두 현자, 관중과 습붕은 환공을 따라 전쟁터로 나섰습니다. 그들은 봄에 출정하여 겨울에 승리를 거두고 귀환하는 도중에 길을 잃었습니다. 관중은 제안했습니다. "말에게 길을 물어보자." 그래서 말을 자유롭게 풀어 그 뒤를 따라갔고, 그들은 길을 찾을 수 있었습니다.

　　또한 산 속을 지나가다가 물이 떨어져 곤란을 겪게 되었습니다. 이때 습붕이 말했습니다. "개미는 계절에 따라 서식지를 달리합니다. 겨울에는 산의 남쪽, 여름에는 산의 북쪽에 삽니다. 개미둑을 따라가면 물을 찾을 수 있을 겁니다." 그들은 개미둑을 찾아 파보았고, 정말로 물이 솟아났습니다.

　　이처럼 관중과 습붕은 현명한 자들이었지만, 자연의 작은 생물들에게서도 배울 점을 찾아 지혜를 얻는 것을 마다하지 않았습니다.

겸허한 자세를 갖추면 언제나 배울 수 있다

경험이나 지식을 바탕으로 이것저것 머리를 쓰는 것을 '사고'라고 부른다. 사고하는 것의 전제에는 겸허함이 바탕에 있다. 겸허함은 여러 한계를 가진 인간일 뿐이라는 것을 의식하는 것, 언제든 부족함을 자각하며, 타인의 지혜로 자신을 보완하려고 하는 것이다. 겸손하지 않은 사고, 즉 자만심에 찬 사고는 더 이상 사고라고 할 수 없다. 겸허함은 '자신은 신이 아니다.'는 의식, 자기 자신을 항상 의심하는 '자만심 부재'로 이어진다.

관중과 습붕은 모두 현자였다. 현자조차 모르는 것을 모른다고 순순히 인정하고, 그 방면의 달인인 말과 개미에게 지혜를 얻으려고 한 것이다. 겸허한 자세를 갖춘 것이다. 현자가 아닌 처음 배우는 학자에게 이런 솔직함이나 겸허함이 있는가하고 물으면 그렇지 않다고 말한다. 학문이든, 비즈니스든, 학습이든, 우리가 배우기 시작하는 시점에 이미 거대한 체계가 존재하고 있다. '그 거대한 체계에 늦게 들어간다는 자각'이야말로 배움의 기본이 된다. 우리는 가장 말단 부분부터 배우기 시작해서, 점점 복잡한 고도의 지식이나 기술 가치관을 체득해 나가는 것이다.

도전과 지속가능성

NO. 56

코끼리와 사슬

　코끼리 조련사가 코끼리를 다룰 때 가장 중요하게 여기는 것은 코끼리가 도망치려는 생각을 하지 않도록 하는 것입니다. 코끼리가 아직 어릴 때부터, 조련사들은 코끼리의 다리에 굵은 통나무를 쇠사슬로 묶어둡니다. 이렇게 하면 코끼리가 도망치려고 시도해도 통나무가 움직임을 제한하기 때문에 끝내 도망칠 수 없게 됩니다. 이러한 경험을 반복하며 코끼리는 도망칠 수 없다는 것을 스스로 받아들이고, 점차 도망치려는 시도를 포기하게 됩니다.

　성장하여 힘이 세고 거대한 몸집을 갖추게 되어도, 코끼리는 어렸을 때의 경험 때문에 사슬만 보고도 도망치려는 생각을 하지 않습니다. 때로는 사슬 끝에 단순히 작은 나뭇가지가 매달려 있어도, 코끼리는 자신이 묶여있다고 믿고 어디로도 도망가지 않습니다.

위험을 무릅쓰고 행동하는 용기를 가지라

사람은 인생의 끝에서 '내 인생은 행복했을까.'하고 생각한다고 한다. 그것은 누가 결정하는 것인가? 틀림없이 자신이다. 남이 결정할 일이 아니다. 그렇다면 행복했는지의 기준은 무엇일까? 바로 '자신의 인생을 살았느냐, 아니냐.'이다. 타인이 보면 잘 된 인생일지라도, 부모나 선생님이 깔아 놓은 레일 위를 걸은 인생은 행복했다고는 말할 수 없다. 다른 사람이 보면 그다지 잘 되지 않았던 인생일지라도, 스스로 깐 레일 위를 스스로 걸었던 인생은 행복하다. 다른 사람이 기대하는 삶이 아니라 자신이 원하는 인생을 사는 것이 가장 행복하다고 생각한다.

이 우화는 젊은이의 자립담으로 볼 수 있다. 자립이란 종속 상태에서 벗어나 독립하는 것, 다른 사람의 지배를 받지 않고 존재하는 것이다. 자립은 한 인간으로서 자부심을 갖고 살아가기 위한 조건이 된다. 자립은 인간으로 성장해 가는 과정에 큰 영향을 미친다. 성장하는 것은 기쁨이며, 대부분의 사람은 성장하기를 원한다. 그러나 사람은 때때로, 성장이 아닌 안전하고 안심이 되는 '불행'을 선택할 때가 있다. 도대체 무엇 때문인가? 기쁨과 고통은 항상 맞물린다. 기쁨만을 얻을 수는 없다. 고통을 피해 기쁨을 얻을 수 없다. 날마다, 무엇인가를 쌓아 가는 충실한 노력이 고통의 한 예이다.

성장하기 위해서는 위험을 감수할 필요가 있다. 위험이란 '어떤 의사결정에 의해 상정되는 해로움이나 손실을 입을 가능성이 있는 것'이다. 위험에는 '행동을 동반한 위험'과 '행동을 동반하지 않는 위험' 두 종류가 있는데, 우리는 후자의 위험을 외면하기 쉽다.

우리는 많든 적든 이 우화의 코끼리와 같은 경험을 하지 않았을까? 젊었을 때 '하고 싶은 일'에 도전했지만 실패했다. 단지 그것만으로 자신이 '하고 싶은 일'은 영원히 할 수 없는 것으로 포기하고 살아가고 있다. 이것은 틀린 것이다. "젊을 때 도전해봤는데 잘 되지 않았어. 하지만 그 때 할 수 없었다고 앞으로도 못한다는 법은 없어. 다시 한 번 해보자."하는 것이 올바른 사고방식이다. 자립하고 성장하고 싶다면 고통을 감수할 각오, 위험을 감수할 용기가 필요하다. 행동에 수반되는 위험과 괴로움을 피하는 사람은 안심되고 안전한 장소에 머무르려고 하는 사람이며, 자립, 성장, 기쁨과는 인연이 없는 인생을 보내게 된다.

NO. 57

교수형을 선택한 바보

    죄인 한 명이 왕 앞에 끌려왔습니다. 왕은 그에게 두 가지 선택을 제시했습니다. "너에게는 두 가지 선택이 있다. 하나는 교수형이고, 다른 하나는 저 검은 문 너머를 선택하는 것이다. 어느 쪽을 선택하겠느냐?" 죄인은 망설임 없이 교수형을 선택했습니다.

    집행이 임박한 순간, 죄인은 왕에게 물었습니다. "저 검은 문 너머에는 무엇이 있습니까?" 왕은 잠시 망설이다가 대답했습니다. "나는 모든 죄인에게 동일한 선택을 제공한다. 그들은 대부분 교수형을 선택하지."

    죄인은 다시 물었습니다. "왕이시여, 부디 말씀해 주십시오. 저 검은 문 너머에는 무엇이 있습니까? 어차피 저는 이 세상 사람들에게 전할 수 없을 테니까요." 그는 목에 걸린 교수형 밧줄을 가리키며 덧붙였습니다. 왕은 마침내 속삭이듯 말했습니다. "자유다, 자유. 그러나 대부분의 사람들은 미지에 대한 두려움 때문에 그것을 보지 못하고 교수형을 선택한다네."

미지의 세계를 두려워하지 말고 도전하라

이 이야기는 '기지(旣知)와 미지(未知)'의 문제를 다루고 있다. 이 사형수는 자신의 죽음 즈음에 미지의 형(刑)이 아니라 이미 알고 있는 형을 택했다. '이왕 죽을 바에야 내가 잘 알고 있는 방법으로 죽는 게 낫지, 내가 모르는 방법으로 죽으면 불안해.'하고 생각했을 것이다. 죽는다면 어느 쪽이든 마찬가지다. 무슨 일이든 경험이다. 모르는 방법에 도전해 볼 생각은 하지 않았다. 그럼 죽는 이야기가 아닌 사는 이야기로 '기지와 미지'에 대해 생각해 보자.

예를 들어, 이대로 지금의 일을 계속할 것인지, 아니면 새로운 일에 도전할지를 생각하고 있다고 하자. 이런 상황에 놓인 사람은 유리문 앞에 서 있는 사람에 비유된다. 유리문 안쪽은 지금의 일(기지), 유리문 너머는 새로운 일(미지)이다. 이쪽은 분명히 보이지만, 저쪽은 어렴풋이 보인다.

여기에 있고 싶지 않다면, 어디에 있든 그곳은 감옥이다. 이 회사에 있고 싶지 않으면, 이 회사는 감옥 같은 것이다. 대부분의 사람들은 불안을 떨쳐내고 회사에 사표를 내고 문 너머 새로운 세계로 뛰어드는 것을 지나치게 두려워한다. 일반적으로 사람은 이익을 얻는 것보다 손실을 피하는 것을 중시하기 때문이다. 긍정적인 자극보다는 부정적인 자극에 훨씬 민감하기 때문이다. 그러한 인간의 성향을 이해하면, 기지를 버리고 미지에 뛰어들 걱정이 줄어들지 않을까. 인생이란 도전이다.

미래는 언제든 미지다. 미지의 경우, 걱정되고 불안해지는 것은 당연하다. 그러나 지나치게 걱정 할 필요는 없다. 어디까지나 적당히 걱정하면 된다. 지나친 걱정은 부정적인 이미지를 스스로 증폭시키는 것이다. 실제로는 일어날 수 없는 이야기를 만들어서, 거기에 겁을 먹은 상태이다. 적당한 걱정이란 긍정적인 이미지를 자기 안에 만들고 주의사항을 확인할 수 있는 태도를 갖게 된다.

끝없이 이어지는 가파른 계단을 내려가는 나를 상상해 보자. 지나친 걱정이란, 어딘가에서 발을 헛디뎌, 아래까지 굴러 떨어져, 온몸이 피투성이가 되는 것이다. 머리를 세게 맞아 정신을 잃어, 구급차에 실려가는 것이다. 적당한 걱정이란, 발을 헛디디지 않게, 발밑을 확실히 보고, 서두르지 않고 천천히 확실히 내려가라고 자신에게 타이르는 것이다. 뚜렷이 점쳐진 미래보다 그렇지 않은 미래는 실현 가능성이 적다. 그러므로 지나친 걱정은 해롭기도 하지만 불필요하다.

NO. 58

개구리의 등산

옛날에 산에 오르고 싶었던 개구리 열 마리가 있었습니다. 모두 산기슭에 모여 출발하기로 했습니다. 그러나 그들을 배웅하러 온 동료들은 야유를 보내며 말했습니다.

"그 높은 산을 어떻게 올라가겠어? 시간 낭비야, 포기해!"

하지만 개구리들은 출발했습니다. 산을 오르며 토끼들을 만났고, 토끼들은 말했습니다.

"정상까지 가겠다고? 그 작은 발로는 절대 불가능해!"

그 말을 듣고 이미 지친 다섯 마리의 개구리가 포기했습니다.

남은 다섯 마리는 더 가파른 오르막을 만났고, 나무숲을 지나며 다람쥐들을 만났습니다.

"정상까지 가는 건 무리야. 너무 무모해!"

다람쥐들의 말에 두 마리가 더 포기했습니다.

이제 남은 세 마리 개구리는 계속 나아갔습니다. 조금씩, 계속해서 정상을 향해 올라갔습니다. 이번에는 염소들을 만났고, 염소들은 비웃으며 말했습니다.

"이쯤에서 돌아가는 게 좋을 거야. 이러다가는 목숨까지 위험해질 거야."

이 말에 또 두 마리가 포기했습니다.

결국 마지막으로 남은 한 마리 개구리가 정상에 도달했습니다. 내려오는 그 개구리를 보며 동료들은 물었습니다.

"도대체 어떻게 그렇게 빨리 정상에 도달했어?"

그러나 그 개구리는 답하지 않았습니다. 동료들이 다시 물었습니다.

"정말 대단하다! 어떻게 올라갔니?"

그때 그 개구리는 다시 말했습니다.

"뭐라고? 제대로 듣지 못했어."

그 개구리는 원래 귀가 들리지 않았던 것입니다.

소심함과 무모함 사이에 있는 용기

산에 오르는 과제에 도전한 개구리 이야기다. 이 이야기에서 개구리들은 크게 두 그룹으로 나뉜다. 첫 번째 그룹은 처음부터 산에 오르는 것을 선택하지 않고 배웅만 하러 나온 개구리들이다. 하지만 힘내라고 격려하는 것은 아니고, 그만 두라며 야유를 보내러 온 개구리들이다. 두 번째 그룹은 산에 오르는 것에 도전하려 했던 개구리들이다.

이 이야기의 첫 번째 교훈은 용기를 갖고 과제에 도전하자는 것이다. '모든 덕은 두 가지 악덕 사이의 산물'이라고 철학자 아리스토텔레스는 말했다. 그는 《니코마코스 윤리학》에서 다음과 같이 서술했다. '상대를 보지 않는' 악덕이 있고, '두려움'이라는 악덕이 있다. 그 두 가지 악덕 사이에 용기라는 덕이 있다. 사람은 겁에 질려서도 안 되며 너무 무모해도 안 된다. 그 사이에 존재하는 용기를 가져야 한다고 말했다. 그는 더 재미있는 조언을 했다. 용기는 무모함과 소심함 사이에 존재하지 않는다. 우리 인간은 자연적인 성향으로 무모한 것보다는 소심함에서 계속해서 행동하기 쉽다. 따라서 무모한 일을 하기 직전 정도에 용기가 존재한다고 생각할 수 있다. 그래서 "겁 먹지마!"라는 말이 응원이 된다. "조금 무모하지 않을까."하고 생각하는 정도가 딱 좋은 용기인 것이다.

두 번째 교훈은 산에 오르는 것에 도전한 개구리들을 통해서 얻을 수 있는데, 남의 무책임한 말에 반응해서 과제에 도전하는 것을 포기하면 안 된다는 것이다. 한 마리를 제외한 아홉 마리 개구리는 도중에 도전하는 것을 포기했다. 그 이유는 "너에게는 무리다."라는 다른 이들의 말이었다. 정상에 도착한 단 한 마리의 개구리는 "너에게는 무리야."라는 말을 듣지 못했기 때문에 성공한 것이다.

왜 무리라고 했을까. 두 가지 이유를 생각할 수 있다. 하나는 개구리가 실패하고 좌절하면서 상처받을 것을 걱정했기 때문이다. "너에게는 무리다."라는 말은 과잉보호하는 어머니의 마음에서 나온 말로 해석할 수 있다. 다른 하나는 개구리가 성공하지 않기를 바랐기 때문이다. 그들도 젊었을 때 정상에 도달하고 싶었지만 도중에 포기한 쓰라린 경험을 갖고 있을지도 모른다. 혹은 처음부터 포기해버려서 도전조차 하지 않았을지도 모른다. 어쨌든 그들은 성공하지 못했다. 그래서 개구리도 성공하지 않기를 바랐다. 자신을 뛰어넘길 바라지 않았다, 자신과 같은 장소에 있기를 바랐던 것이다.

그래서 사람을 골라 사귀어야 한다. 사귀는 사람을 잘 선택해야 한다. "무리야. 그만둬."라고 연발하는 사람이 아니라 "할 수 있어! 열심히 해봐!"라고 말하는 사람과 사귀어야 한다. 자신을 과소평가하는 사람보다 과대평가해 줄 사람과 사귀어야 하는 것이다.

NO. 59

하늘을 나는 말

옛날 어느 나라에 왕의 분노를 산 남자가 있었습니다. 이 남자는 사형을 선고받았지만, 왕에게 한 가지 제안을 했습니다.

"전하, 저에게 1년의 시간을 주시고 전하의 말을 맡겨주시면, 저는 그 말을 하늘을 날 수 있게 만들겠습니다. 만약 1년 후에 제가 실패한다면, 그때 제 목숨을 가져가시죠."

왕은 호기심과 흥미를 느꼈고, 이 제안을 받아들였습니다. 그러면서 엄중히 말했습니다.

"1년 후에 내 말이 하늘을 날지 못하면 네 목숨은 내 것이다."

남자의 친구는 이 소식을 듣고 경악하여 말했습니다.

"말이 어떻게 하늘을 날 수 있겠어? 불가능한 일이잖아!"

그러나 남자는 침착하게 대답했습니다.

"1년이라는 시간이 주어졌어. 그동안 왕이 죽을 수도 있고, 나도 죽을 수 있으며, 심지어 그 말이 죽을 수도 있어. 누가 알겠어, 1년 후에는 정말로 말이 하늘을 날 수 있을지도 몰라. 많은 일이 일어날 수 있는 시간이니까."

곤란한 상황에도 '할 수 있다'고 말한다

목숨을 구걸한 사형수의 말은 어김없는 호언장담(일어나지도 않을 일이나 자신의 실력 이상을 자신하는 말)이었다. 그러나 이 이야기는 호언장담을 하지 말라고 훈계하는 것은 아니다. 오히려 호언장담을 권유하는 이야기다. 왜냐하면 사형수는 호언장담을 함으로써 적어도 1년은 살 수 있게 되었기 때문이다.

절대 불가능한 일을 "할 수 있습니다!"라고 단언하는 것은 물론이고, 할 수 있을지 모르는 일을 "할 수 있습니다!"라고 말하는 것은, 일을 할 때 좋은 자세이다. "할 수 없습니다!"라는 대답은 일을 거절한다는 것이다. 만약 상대방이 원하는 수준까지 도달하지 못할 것 같으면 누군가에게 도움을 청하면 된다. 성장의 기회를 놓쳐서는 안 된다. "'할 수 없다.'는 말을 믿지 말라."는 말이 있다. 이 말은 기준을 너무 높게 잡은 나머지 '할 수 없다.'고 대답하는 경우가 많다는 얘기이다. 사실 그러나 '할 수 없다.'고 말하는 사람이 '할 수 있다.'고 말하는 사람보다 일을 더 잘한다고 한다.

NO. 60

생크림에 빠진 세 마리의 개구리

어느 날, 세 마리의 개구리가 우연히 생크림 통에 빠지게 되었습니다. 첫 번째 개구리는 모든 일이 신의 뜻이라 생각하며 특별히 노력하지 않고 곧 생명을 잃었습니다. 두 번째 개구리와 세 번째 개구리는 발을 동동 구르며 필사적으로 헤엄쳐 생크림을 휘저었습니다. 하지만 두 번째 개구리는 곧 지쳐 포기했고, "어차피 죽을 텐데 왜 이런 고생을 해야 하지?"라며 자포자기한 상태로 곧 목숨을 잃었습니다.

세 번째 개구리만이 포기하지 않고 계속해서 생크림을 휘저었습니다. 그 개구리는 "죽음이 다가오고 있을지라도, 나는 끝까지 싸울 것이다!"라고 결심했습니다. 오랜 시간 휘젓고 난 끝에, 생크림이 점점 단단해지기 시작했습니다. 결국, 생크림이 버터로 변하면서 단단해진 덕분에, 세 번째 개구리는 그 위를 딛고 뛰어올라 생크림 통 밖으로 탈출할 수 있었습니다.

계속 행동하지 않으면 현재는 바뀌지 않는다

첫 번째 개구리는 아무런 노력도 하지 않고, 자신의 운명을 신에게 맡겼다. 두 번째와 세 번째 개구리는 신에게 운명을 맡기지 않고 자신의 힘으로 어떻게든 살려고 노력했다. 두 번째와 세 번째의 개구리 차이는 단념했느냐 단념하지 않았느냐에 있다.

세 번째 개구리는 포기하지 않았다. '이 하얀 액체는 생크림이라서 계속 휘젓고 다니면 단단해 진다. 그렇게 되면 이 통에서 탈출할 수 있다.'는 것을 알고 발을 구른 것은 아니다. 하지만 세 번째 개구리는 안절부절 하지 않았다. 다른 개구리가 보기에는 '쓸데없는 노력'을 계속한 것이다. 결과적으로 그것은 '쓸데없는 노력'이 되지는 않았다. "하늘은 스스로 돕는 자를 돕는다."는 속담을 떠올리자. 계속 행동하는 자가 결국에는 좋은 결과를 얻는다.

NO. 61

스승과 제자의 대화

어느 날, 한 검객이 쓰카하라에게 찾아가 제자로 받아달라고 부탁했습니다. 쓰카하라는 그 검객의 기량을 시험해본 후 그의 실력을 인정하며 입문을 허락했습니다.

"스승님, 입문을 허락해 주셨으니 열심히 수행하겠습니다. 그러면 몇 년 후에 비법을 전수받을 수 있을까요?" 제자가 물었습니다.

스승 쓰카하라는 이렇게 답했습니다. "자네는 상당한 솜씨를 가지고 있으니, 5년 안에 비법을 전수받을 수 있네."

제자는 5년이란 시간에 불만을 느끼며 더 질문했습니다. "그럼 잠도 자지 않고 먹지도 않고 수행에 몰두하겠습니다. 그러면 몇 년 안에 비법을 전수받을 수 있을까요?"

"10년은 걸리네," 스승은 말했습니다.

제자는 놀란 마음에 다시 질문했습니다. "아니, 죽기 살기로 수행하겠습니다. 그러면 몇 년이 걸립니까?"

스승은 웃으며 대답했습니다. "죽기 살기로 하면, 평생 걸려도 비법을 전수받을 수 없네."

지속할 수 있는 힘을 조절하는 것

쓰카하라는 무로마치 후기에 살았던 검객이다. 히타치 가시마 신궁의 사관 집안에서 태어나 신당류 검술 등을 배웠다. 그리고 '가시마 신당류'를 창시한 후, 장군 아시카가 요시테루를 지도하고 시모소코쿠 가토리에서 오로지 제자들을 가르쳤다.

열심히 수행하는 것, 잠도 자지 않고 밥도 먹지 않고 수행하는 것, 죽기 살기로 수행한다는 것은 모두 좋은 것으로 여겨진다. 그러나 쓰카하라는 이것을 반드시 좋다고 생각하지 않았다. 그는 무슨 말을 하고 싶었을까? 지속할 수 있는 힘이 무엇보다도 중요하고, 무리하면 계속해 나갈 수 없다는 것이다. 중도의 정신, 즉 그 나름대로의 '좋은 정도'로 지속하는 힘이 중요하다는 것이다.

보통 열심히 했는데 성공하지 못했다고 말한다. 그러나 열심히 해서 성공했다는 말도 있다. 주관적으로는 '열심히 하고 있다.'라고 해도, 객관적으로는 '너무 열심히 한다.'라는 말이 있다. 스포츠를 생각해 보자. 너무 열심히 하면 몸에 부담이 되어 다친다. 너무 열심히 하면 몸에 힘이 들어가 잘 뛸 수 없다. 너무 열심히 하면 놀이가 아니라 일처럼 되어버려서, 스포츠 그 자체를 즐길 수 없다. 이 우화는 '긴장과 완화'의 중요성을 말하고 있다. '긴장과 완화'는 나라나 시대를 불문하고, 보편성을 가진다.

헤로도토스(기원전 48년경 - 기원전 420년경)는 《역사》에서 이집트 제니로크 왕조의 아마시스 왕의 이야기를 소개하고 있다. 《이솝 우화의 세계》(나카츠카 테츠로) 평민 출신의 아마시스왕은 파격적인 행동을 많이 했다. 오전에는 일을 열심히 하지만, 오후에는 술을 마시고 놀며 지냈다. 이것을 보다 못한 조정의 신하가 아마시스 왕을 일깨우자 아마시스왕은 다음과 같이 대답했다고 한다.

"활을 가진 자들은 활을 쏠 필요가 있을 때만 줄을 당긴다. 활이 계속 당겨져 있다면 부러져버려서 필요할 때 쓸 수 없게 돼. 사람도 이와 같아. 당신 자신이 활이라고 생각하면 항상 당겨 두면 부러져 버려. 그렇다고 항상 느슨하게 두면 썩게 되지. 적당한 강도로 당겼다가 느슨하게 해주는 것이 좋아."

13장
자신의 이야기를 쓰는 방법

NO. 62

솜을 짊어진 당나귀와 소금을 짊어진 당나귀

언젠가 두 마리의 당나귀가 주인과 함께 길을 걷고 있었습니다. 한 마리는 씩씩하게 걸었는데, 이 당나귀는 가벼운 솜을 짊어진 상태였습니다. 다른 한 마리는 무거운 소금을 지고 느리게 걸으며 주인에게서 매를 맞았습니다.

산과 골짜기를 지나 마침내 강에 도착했을 때, 무거운 짐을 진 당나귀는 강물에 빠졌습니다. 물에 젖은 소금이 녹아 짐이 가벼워지자 당나귀는 한결 편안해졌습니다.

이 모습을 본 솜을 지고 있던 당나귀는 강에서 비슷한 일을 시도하기로 결심했습니다. 하지만 솜은 물을 빨아들이면서 훨씬 무거워졌고, 당나귀는 물에 가라앉기 시작했습니다. 고통스러워하며 체념하는 순간, 주인이 급히 나서서 당나귀를 구조했습니다. 그 덕분에 당나귀는 간신히 목숨을 건질 수 있었습니다.

타인을 따라하지 말고 자신의 인생을 살아야 한다

이 이야기의 교훈은 '서로 짊어지고 있는 것은 모두 다르기 때문에 무작정 다른 사람의 흉내를 내서는 안 된다.'는 것이다. 사람은 각자 '자신만의 이야기'를 가지고 있다. 인생을 산다는 것은 '자신의 이야기'를 만들어 가는 것이다. '자신의 이야기'는 운명과 자유로 나누어진다. 운명이란 '유전적 요소와 어떤 환경에서 자라났느냐'이며, 이는 개개인이 모두 다르다. 자유란 의지와 관계되는 것이다. 즉, '스스로 어떤 환경을 택할 것인가, 어떤 노력을 어느 정도 할 것인가'이며, 이것도 사람마다 다르다. 따라서 '자신만의 이야기'는 천차만별이다.

당나귀는 걸음걸이를 바꿀 수 없다. 새가 날아다니는 법을, 물고기가 헤엄치는 법을 바꾸지 못하는 것과 같다. 그러나 사람은 삶의 방식을 바꿀 수 있다. 인간은 선택의 자유를 가지고 있으며 의지와 노력에 의해 행동을 바꿀 수 있기 때문이다. 운명은 '바꿀 수 없기'때문에 받아들여야 하고 자유는 '바꿀 수 있기'때문에 중심을 잘 잡아 나가야 한다. 운명은 모두 다르니까, 자유에 있어서는 무조건 남의 흉내를 내서는 안 된다. 어떻게 행동할지 사려 깊게 생각해야 한다.

NO. 63

삼 년 동안 잠만 자는 남자

옛날에 '잠만보'라 불리던 게으른 남자가 있었습니다. 이 남자는 날마다 많은 양의 음식을 먹고, 하루 종일 잠만 잤습니다. 이 남자의 어머니는 그의 게으름에 항상 고민이 많았고, 마을 사람들도 그를 잠만 자는 사람이라고 비웃었습니다.

그러던 어느 날, 심한 가뭄이 마을을 강타했습니다. 논과 밭은 말라붙었고, 우물에서도 물이 나오지 않았습니다. 마을 사람들은 깊은 우물을 파보았지만, 물은커녕 희망조차 보이지 않았습니다. 모두가 절망하고 있을 때, 마을 이장은 다음과 같이 선언했습니다. "이 가뭄을 해결해 줄 사람에게는 내 딸을 시집보내겠다."

세월이 흘러 삼년이 지난 뒤, 잠만보는 드디어 깊은 잠에서 깨어났습니다. 평소와 다름없이 어머니에게 밥을 청하고 나서, "잠깐 나갔다

올게요."라고 말한 뒤 집을 나섰습니다. 마을 사람들은 호기심에 그의 뒤를 따라갔습니다.

잠만보는 산속 깊은 곳으로 들어가 큰 바위 앞에서 멈춰 섰습니다. 그는 거대한 바위를 힘차게 밀기 시작했습니다. 그리고는 마침내 바위가 기울어지며 골짜기 아래로 굴러 떨어졌습니다. 바위가 벼랑을 부수고 골짜기를 메우자, 막혀있던 강물이 터져 나와 마을 쪽으로 흘러갔습니다.

갑자기 생긴 강물은 마른 논밭을 순식간에 채웠습니다. 마을 사람들은 기뻐하며 외쳤습니다. "물이야! 물이야!", "신의 은혜야!", "잠만보 덕분이야!" 그 후로 마을은 더 이상 물 부족으로 고생한 적이 없습니다. 잠만보는 결국 이장의 딸과 결혼하여 평생을 행복하게 보냈다고 전해집니다.

혼자 틀어박혀서 자신을 지키는 힘

이 이야기로부터 어떤 교훈을 얻을 수 있을까? 권선징악적인 교훈은 아니다. 일본의 옛이야기 연구 일인자인 오자와 도시오는 이렇게 말했다. "이 내용이 의외로 들릴지도 모르지만 도덕적인 것보다는 강하게 살라는 메시지를 전달하고 있습니다. 선악을 따지지 않고 거짓

말쟁이가 행복해지는 이야기는 전 세계적으로 많을 것입니다. 그 잠만보가 자고 있었던 것은 젊었을 때만 그랬던 것입니다. 도중에 잠이 깨서 지혜를 얻게 되었죠."

젊은 시절에는 많든 적든 이런 상태에 빠지는 경우는 흔하다. 이 남자의 수준까지는 아니더라도 대학생의 삼 분의 일 정도는 강의에 제대로 나오지 않고 하숙집이나 아파트에 박혀 생활하거나, 게으른 생활을 한다. 《식물은 대단하다》(다니까 오사무)에서 '땅 속에 숨어서 몸을 지키는 대단함'이라는 부분을 보면, 고사리와 독다미, 삼나무의 생태가 소개되어 있다. 이러한 식물은 봄부터 여름에 걸쳐 건강하게 자라고 가을이 되면 지상에서 자취를 감춘다. 그래서 많은 사람들이 '말랐다'고 생각한다. 확실히 지상부는 말라 버리지만, 지하부는 마르지 않는다. 땅 속에 옆으로 길게 뻗은 줄기가 마치 뿌리처럼 건강하게 살고 있다고 한다.

한 곳에 틀어박혀 생활하는 사람이나 등교를 거부하는 젊은이가 고사리, 독다미, 삼나무처럼 보인다. 하지만 이들 역시 땅속에 숨어 있을 뿐이다. 식물이 봄이 되어 싹트듯이, 머지않아 사회에 나갈 것이 틀림없다. 사물이나 사람의 변화는 필연이다. 집안에 틀어박혀 있는 젊은이는 아무런 힘도 갖고 있지 않을까? 그렇지 않다. 집안에 숨어서 자신을 지키는 대단함을 가지고 있다. 이들은 결코 무력하지 않다. 집안에만 있다는 것은 상식적으로는 약점이 틀림없지만, 어찌 보면 훌륭한 강점이 된다. 세상에 동조하지 않는 힘, 어른에게 반역하는 힘, 동료들과 같은 무리가 없어도 지낼 수 있는 힘, 고독에 견딜 수 있는 힘. 이것들은 모두 강점이다.

요즘 세상에는 근면은 선이고, 게으름은 악이라는 것이 상식이다. 당연히 나태한 인간은 근면한 인간으로부터 게으름뱅이라고 비난받는다. 그러나 지금이라는 순간에만 초점을 맞추지 않고, 인생 전체라는 긴 시간 안에서 보면, 사실 창조적 퇴행이나 게으름을 피우고 있는 것뿐이라고 생각할 수 있다. 인생에는 산도 있고 계곡도 있다. 계곡이 깊으면 깊을수록 산은 높아진다. 인생에는 굴곡이 있다. 좋을 때는 자만하지 않고 나쁠 때는 무너지지 않아야 한다. 초조해 하지 않고 견뎌내야 한다. 인생에는 별 일이 다 있다. 녹초가 되지 말고 강하게 살자.

NO. 64

도시락 지름길

　어느 날, 혼자 여행을 하고 있는 남자가 있었습니다. 갑자기 화장실이 급해져서 곤란해하고 있었습니다. 시간은 오전 11시를 조금 넘긴 때였습니다. "조금만 더 가면 다음 숙소에 도착할 텐데, 이대로라면 상당히 늦어질 것이다. 걸으면서 볼 일을 볼 수 있는 방법은 없을까?" 남자는 고민하다가 눈에 띄는 뒷간으로 달려갔습니다.

　"여기서 시간을 지체하면 점심시간에 늦을 것이다…" 그는 걱정하면서 뒷간에 도착했습니다. 그리고는 생각했습니다. "아, 그렇지. 점심시간 전이니, 다음 숙소에서 점심을 먹는 것보다 지금 도시락을 먹어버리는 게 낫겠다. 일석이조야." 남자는 볼 일을 보면서 도시락을 먹기 시작했습니다.

　그러나 그때, 참새 한 마리가 날아와 급소를 콕 찔렀습니다. 놀란 남자가 손에 들고 있던 도시락이 흔들려 밥알들이 뒷간 항아리 속으로 떨어졌습니다. 남자는 한참을 아래를 내려다보다가 곧 자조적으로 생각했습니다. "아, 이것이야말로 진정한 지름길이야. 입에서 씹어 위장을 거쳐 내려가야 할 음식이 직접 항아리에 떨어졌으니, 시간과 과정을 대폭 줄인 셈이었다." 그러나 이내, 사람은 음식을 목을 통하지 않고 먹으면 에너지를 얻을 수 없다는 사실을 깨닫고는 허무해했습니다.

돌아가는 길을 즐겨라

　남자는 지름길로 가려고 볼 일을 보면서 도시락을 먹으려고 했다. 남자의 마음을 도시락이 헤아렸을까. 도시락도 지름길로 가려고 했다. 입과 위장을 지나가지 않고 곧장 뒷간항아리로 향했다. 남자는 "이것이 바로 지름길이지."라고 감탄했지만, 결국 배는 부르지 않았고, 도시락으로부터 영양분을 섭취할 수도 없었다. 우스갯소리다.

　우리는 지름길을 좋은 것, 돌아가는 길은 나쁜 것으로 생각하기 쉽다. 하지만 이것이 사실일까? 지름길이나 빠른 길을 택한다는 것은 효율을 제일 먼저 생각한 결과다. 물론, 인생의 각 장면, 예를 들어 일이나 학습의 한 장면에 있어서 효율성을 제일로 생각하고 지름길을 요구하는 것은 틀린 것이 아니다. 그러나 모든 장면에서, 특히 인생 전체로는 올바르지 않다.

효율적인 삶이 최선은 아니다. 오히려 무미건조한 인생이라는 생각까지 든다. 살기 급급해하는 것도 최선은 아니다. 이는 인생을 즐기는 일 없이 전력질주해서 무리하며 살아가고 있는 사람은 죽음을 재촉하는 것과 같다. 인생은 지름길보다 돌아가는 길, 샛길, 둘레길이 재미있다. 이것이 인간다운 풍요로운 인생이다.

체코의 작가 밀란 쿤데라는 소설《느림》에서 이런 말을 했다. "느림과 기억, 빠름과 망각 사이에는 은밀한 관계가 있다. 한 남자가 길을 걷고 있다고 생각해보라. 문득 그는 무언가를 생각하려고 하지만 기억이 나지 않는다. 그 순간 기계적으로 발걸음을 늦춘다. 반면 방금 어떤 괴로운 경험을 한 자는 이를 잊기 위해 자신도 모르게 발걸음을 재촉한다." 빠름과 망각 사이에는 강한 비례 관계가 있다. 느림을 되찾으면 자신의 본래 기억도 되살아난다. 느림과 기억 사이에도 강한 비례 관계가 있기 때문이다. 우리도 서두르지 않는 용기, 바쁘지 않은 아량을 가질 수 있도록 노력하자.

NO. 65

두 명의 선승

　두 명의 선승이 강을 건너려고 할 때, 근처에서 한 젊은 여자가 난처해 하며 강을 바라보고 있었습니다. 여자는 말했습니다. "강의 물살이 너무 세서 건널 수가 없어요." 나이 많은 선승이 다가가며 말했습니다, "제가 업어드릴까요?" 여자는 고개를 끄덕였습니다. 선승은 여자를 업고 무사히 강을 건넜고, 여자는 감사의 말을 남기고 떠났습니다.

　여자가 떠난 후, 젊은 선승이 나이 많은 선승을 비난했습니다. "부끄럽지 않으세요? 우리는 여자의 몸을 만질 수 없습니다." 이후 두 사람이 절에 도착했을 때, 젊은 선승은 다시 말했습니다. "당신은 금지된 행동을 했습니다. 주지 스님께 보고하겠습니다." 나이 많은 선승은 놀란 듯 물었습니다. "내가 무엇을 했다는 거지?"

젊은 선승이 대답했습니다. "아름다운 여자를 업고 강을 건넜잖아요." 나이 많은 선승은 고요히 말했습니다. "그렇지, 업어주긴 했지. 하지만 나는 그 여자를 강가에 두고 왔어. 넌 아직도 그 여자를 생각하고 있구나."

집착하는 마음의 좋은 점과 나쁜 점

'집착하지 않는 것'은 불교의 가르침 중 하나이다. 집착한다는 것은, 다른 사람이 봤을 때, 좋은 어떤 것에 마음이 사로잡혀 잊지 못하고 계속 신경 쓰고 있는 상태를 말한다. 이 이야기처럼, 규칙이라는 이유로 타인이 난처해하고 있는데 도와주지 않는다면 이는 규칙에 지나치게 집착하고 있는 것이다. 그래서는 안 된다는 것이다.

그런데 최근에는 이 '집착'이라는 말이 좋은 의미로도 사용되게 되었다. 최근 사전에는 통상적인 의미 외에 (새로운 표현으로) 세세한 것까지 신경 써 미각 등의 가치를 추구한다고 쓰여 있다. 나도 상담을 할 때 "회사를 택할 때 당신이 집착하는 조건이 있는가?"라는 질문을 자주 한다. 말은 주관적이기 때문에, 집착을 하는 것이 나쁜 것이라고는 할 수 없다. 오히려 좋은 일이기도 하다.

정신과 의사인 칼 구스타프 융은 "빛은 어둠 속에서 태어난다."고 말했다. 대수롭지 않은 일 속에 의외로 중요한 일이나 본질적인 일이 숨어 있는 것은 드물지 않다. 마치 다이아몬드가 진흙 속에서 발견되는 것과 비슷하다. 작은 집착을 통해 창조적인 계기를 만날 수 있고, 우리의 에너지가 그 안에 숨어 있는 경우가 많다는 것을 잊어서는 안 된다.

NO. 66

인간만사 새옹지마

옛날, 중국 북쪽 국경 근처에 살던 노인 새옹에게 일어난 일입니다. 어느 날, 노인의 말이 사라졌습니다. 이웃들이 이를 안타까워하며 위로했지만, 노인은 담담하게 말했습니다. "뭐, 괜찮아." 얼마 후, 그 말이 준마를 데리고 돌아왔습니다. 사람들이 기뻐하며 "다행이다"라고 말했지만, 노인은 여전히 무심하게 말했습니다. "이것이 오히려 불행의 원인이 될지도 모른다."

그 말이 현실이 되었습니다. 노인의 아들이 새 말을 타다가 떨어져 다리가 부러졌습니다. 이웃들이 다시 병문안을 와서 위로하자, 노인은 "이것이 행복의 밑천이 될 것"이라고 말했습니다. 1년 뒤, 전쟁이 발발하고 국경 근처의 건장한 젊은이들 대부분이 전쟁터로 끌려가 전사했습니다. 그러나 노인의 아들은 다리가 부러진 탓에 병역을 면제 받아 전사하지 않았습니다.

좋은 일도 나쁜 일도 받아들이고 담담히 앞으로 나아가라

이 이야기에서 엿볼 수 있는 재미는 '말이 도망친다. → 도망간 말이 준마를 데리고 돌아온다. → 아들이 낙마해 다리가 부러졌다. → 상처 덕분에 아들이 병역을 면할 수 있었다.'는 식으로 '불운과 행운'이 연속되어 가는 데 있다.

이 이야기는 노벨 생리학상을 수상한 야마나카 신야가 좋아한다고 알려져 있다. 고교생 대상 강연회에서 인용하기도 했다. "인생 48년간, 특히 후반 20년을 돌아보면 인생이 정말 '새옹지마'라는 것을 알 수 있다. 힘든 일도 있고 기쁜 일도 있다. 힘들다고 생각한 것이 사실은 기쁜 일의 시작인 경우도 있고, 매우 기쁘다고 생각한 것이 괴로운 일의 시작이기도 한다. 일희일비하지 않고 담담히 나아갈 줄 알아야 한다." (출처:http://logmi.jp/37151)

불리한 상황이 오히려 행운을 가져올 수도 있고, 반대로 유리한 상황이 오히려 불행을 초래할 수도 있다. 인생은 고정적인 것이 아니라 유동적인 것이기 때문에 언제 행복이 불행으로, 불행이 행복으로 돌아설지 모른다. 그러니 상황이 변할 때마다 기뻐하거나 걱정하는 것이 아니라 해야 할 일을 날마다 담담하게 해 나가야 한다.

14장
삶과 죽음의 연결

NO. 67

염라대왕의 일곱 명의 사자(使者)

여기는 저승, 염라대왕이 사는 곳이다. 염라대왕은 유리거울을 통해 한 남자를 바라보며 말했습니다. "너는 평생 나쁜 짓만 하고 선행은 하지 않았구나, 지옥행이다."

남자는 변명했습니다. "죄송합니다. 갑작스레 죽게 되어 선행을 쌓을 기회가 없었습니다."

염라대왕은 물었습니다. "갑작스러운 죽음이라… 몇 살이었지?"

"67살입니다."

"67살? 그렇다면 내가 보낸 일곱 명의 사자(使者)를 보았을 것이다."

"사자(使者)요? 그런 분들은 만나지 못했습니다."

염라대왕은 계속 말했습니다. "첫 번째 사자는 너의 눈이다. 이제는 분명히 보이지 않을 것이다. 두 번째 사자는 귀다. 옛날에는 속삭이는 소리도 들을 수 있었지만, 이제는 피리 소리조차 들리지 않을 것이다. 세 번째는 치아다. 돌까지 씹을 정도로 튼튼했던 치아가 이제는 거의 남지 않았을 것이다. 네 번째는 머리카락이다. 어릴 적 까맣던 머리가 이제는 하얗게 변했을 것이다. 다섯 번째는 척추, 젊었을 때는 꼿꼿했지만 이제는 휘어져 버렸을 것이다. 여섯 번째는 발이다. 이전에는 확실히 걸었지만, 이제는 지팡이 없이는 걸을 수 없을 것이다. 일곱 번째는 식욕이다. 옛날에는 많이 먹었지만, 이제는 아무것도 입에 맞지 않을 것이다."

염라대왕은 진지하게 말을 이었습니다. "이 모든 사자(使者)들은 너의 삶을 통해 경고를 주었다. 하지만 너는 이 모든 경고를 무시하고 준비하지 않았다. 이제 와서 후회해도 너의 운명은 이미 정해졌다. 너는 지옥으로 가야 한다."

지금이 인생의 마지막이라면 당신은 어떻게 살 것인가?

기대 수명이라는 지수가 있다. 어떤 연령대가 평균적으로 몇 년 더 살 수 있는지를 나타낸 지수이다. '1995년 지수'에 따르면 55세 남자의 기대 수명은 약 28년(여성은 대략 33년)이다. 이 숫자는 무엇을 뜻하는가. 이는 모두가 앞으로 28년을 살 수 있다는 뜻은 아니다. 어디까지나 평균치이므로 56세에 죽는 사람도 있고 100세까지 사는 사람도 있다. 이 이야기의 등장인물은 67세의 남성이다. 당연히 자신의 차례는 아직 멀었을 것이라고 장담하고 있었다. 그런데 지옥의 염라대왕을 만난 것이다.

저승에는 극락과 지옥이 있고, 생전에 선행을 쌓은 사람은 극락으로 갈 수 있지만, 악행을 해온 사람은 지옥에 간다고 한다. 어디로 갈지 판단하는 자는 염라대왕이다. 악행만 해온 사람은 말할 것도 없고, 지금까지 어떠한 선행도 하지 않은 사람이라도, 나이를 먹어 죽을 때가 다가오면 선행을 쌓아간다.

인간은 반드시 죽는다. 언제 죽을지는 몰라도 언젠가는 꼭 죽는다. 어른이라면 그런 것을 다 알고 있다. 그러면서도 지금은 죽지 않을 것이라고 생각하며 모두 살고 있다. 이런 생각은 젊은이들에게만 국한되지 않는다.

'오늘 나는 죽지 않을 거야.'라고 자신하는 것보다 '오늘이 인생의 마지막 날일지도 모른다.'고 생각하며 사는 것이 현명하다. 그렇게 사는 것이 하루하루 시간의 질을 높이기 때문이다. 가족과 식사하기, 산책하기, 밥 먹기, 술 마시기, 케이크 먹기, 테니스 치기, 수영하기, 벚꽃 보기, 데이트하기, 바다보기, 전철타기 모두 다 '오늘이 마지막'이라고 생각하면 감회가 남다르다.

자신의 죽음을 의식한다는 것은 무슨 뜻일까? '모든 사람은 죽는다. 나는 사람이다. 고로 나는 죽는다.'는 삼단 논법을 생각해서 아등바등 살 것 없다. '오늘이 마지막 날일지도 모른다.'는 말을 마음속에 생각하면서 살아가는 것이다.

여담을 조금 붙이자면, 불교의 부처는 분명 이 말에 이의를 제기할 것이다. 그러나 석가는 인생이야말로 괴로운 것이며 지옥이란 세상에 여러 모습으로 몇 번이나 태어나는 '윤회'와 같다고 말했다. 즉, 지옥은 '이승' 그 자체이며, '윤회'에서 탈출할 수 있는 극락이 '저승'이라는 것이다.

NO. 68

죽음의 의미

　한 제자가 공자에게 물었습니다. "어떻게 귀신*을 섬길 수 있습니까?" 공자는 대답했습니다. "네가 아직 사람도 제대로 섬기지 못하는데, 어떻게 귀신을 섬길 수 있겠느냐?"
　그러자 제자는 다시 물었습니다. "그렇다면 죽음에 대해서는 어떻게 생각하십니까?" 공자는 말했습니다. "네가 아직 삶을 제대로 이해하지 못하는데, 어떻게 죽음을 알 수 있겠느냐?"

---

* 귀신: 죽은 자의 영혼이나 천지의 심령을 말함.

'죽음의 의미'는 논리로 알 수 없다

 공자는 '귀신을 섬기는 것'이나 '죽음의 의미'가 별 의미가 없다고 말하는 것이 아니다. 삶을 소홀히 하면서 죽음을 바라보는 어리석음을 경계한 것이다. 인간의 인식에는 한계가 있기 때문에 사람을 섬기는 것이나 삶의 의미는 알 수 있어도, 귀신을 섬기는 것이나 죽음의 의미는 논리로 알 수 없다고 공자는 생각했다.

 공자가 냉정한 것이 아니다. 가장 사랑하는 제자 안면이 떠났을 때, 공자는 남의 눈도 개의치 않고 통곡했다. 종자가 놀라자 공자는 "사람을 위해 통곡하지 않으면 도대체 누구를 위해 하느냐."고 답했다. 죽음에 관한 깊은 통찰을 알려주는 것이 아니라, 제자의 죽음을 슬퍼하고 있는 공자의 모습이 표현되어 있다. 슬픈 것은 슬프고, 괴로운 것은 괴롭다. 이것이 공자의 심정이었을 것이다. 논리나 설명으로 현실로부터 도망치는 것이 아니라, 바로 그 때의 심정에 마주하는 것이 중요함을 가르쳐 주는 것 같다.

69

접붙이기 하는 노승

계곡 마을에 있는 오래된 절에 여든 살의 노승이 있었습니다. 어느 날, 장군과 그의 부하들이 사냥길에 절을 지나게 되었는데, 노승은 절의 뜰에서 접붙이기를 하고 있었다. 장군이 노승에게 물었다. "스님, 무엇을 하고 계십니까?"

노승은 "접붙이기를 하고 있습니다."라고 답했습니다. 그러자 장군은 웃으며 말했다. "스님의 나이에 지금 접붙이기를 해도 이 나무가 얼마나 자랄지, 자란다 해도 그 모습을 볼 수 있을지 의문입니다. 그렇게 정성을 들일 필요가 있을까요?"

노승은 조용히 대답했습니다. "젊은이여, 잘 들으시오. 내가 지금 접붙이기를 하는 것은 이 나무들이 세월이 흐른 후에 울창한 숲을 이루어 절을 아름답게 할 것이라 믿기 때문입니다. 이 일은 후대를 위한 것이지, 내게 바로 이익이 되는 것은 아닙니다."

이 말을 듣고 장군은 노승의 통찰력에 감탄하며 그의 지혜를 인정했습니다. "스님의 말씀은 참으로 깊은 가르침입니다."라고 칭찬하며 경의를 표했습니다.

다음 세대까지 이어지는 인생을 살라

'후세'라는 단어를 일본에서 읽는 방법은 두 가지다. '고세' 또는 '코우세이'다. '고세'라고 읽으면 '내세'나 '사후의 세계'가 되고, '코우세이'라고 읽으면 '후세'나 '후의 시대'라는 뜻이 된다. 하시모토 오사무는 '고세'와 '코우세이' 중 어느 쪽이 아름답냐고 물으며 후자가 더 아름답다고 말했다. 〈나는 불교의 무엇을 알고 싶어하는 것인가?〉,《생각하는 사람》(2005년) 전자는 '자신은 영원히 존재한다.'는 윤회전생을 전제로 하고 있으며, 내생을 생각한다는 의미에서 이기적이다. 한편, 후자는 '자신이 존재하는 것은 일시적이다.'라는 무상 개념을 전제로 하고 있으며, 자신이 존재하지 않게 된 후의 세상을 생각한다는 의미에서 이타적이다. 나는 사라져도 '타인'은 존재한다. '타인'으로 연결되는 삶이 자신의 인생이라는 생각은 아름답다. 한 세대에서 끝나는 자신의 인생에 불안을 느끼는 것은, '타인에게 영향을 미치는 일'을 빠트린 결과가 아닐까 생각한다.

　이러한 차이를 생각하며 이 이야기를 읽어 보면, 장군은 '소인배', 노승은 '대인배'로 생각된다. 물론 장군과 비교했을 때 노승의 옷차림은 허름했을 것이다. 하지만 그 모습은 거룩해 보였을 것이다.

　이 이야기를 읽고 독일의 종교 개혁자 마르틴 루터의 격언을 떠올리는 사람도 많지 않을까. "내일 세상이 멸망해도 나는 오늘 사과나무를 심을 것이다."라는 말은 "무슨 일이 일어나더라도 희망의 싹을 스스로 뽑지는 않을 것이다. 할 일을 포기하지 않고 담담하게 해 나가는 것, 그것이 자신이 취해야 할 길이다."라는 신념을 말하고 있다.

　우리는 지금 환경 문제, 제어할 수 없는 과학기술, 핵전쟁 발발의 위기, 자신들의 정의만을 믿는 강대국 지도자들에 휩싸여있다. 이런 여러 가지 일에 대한 두려움과 큰 불안에 싸여 있으며, 이런 상태에서 희망이란 것을 가질 수 있느냐고 의문을 던지는 사람도 있다.

　그러나 그래도 희망을 더 가져야 한다. 희망은 위에서 오는 것도 아니고, 아래에서 솟는 것도 아니다. 희망은 인간이 만들어내는 것이다. 내가 할 수 있는 일, 내가 할 일이 무엇인지를 생각하며 자기 나름의 사과나무를 심어 가는 수밖에 없다.

NO. 70

네 명의 아내

옛날 어느 나라에 네 명의 아내를 둔 남자가 있었습니다. 첫째 아내는 그가 가장 사랑하는 여자였고, 남자는 그녀에게 보석과 아름다운 옷을 사주며, 그녀가 원하는 모든 것을 충족시켜주었습니다. 둘째 아내는 격렬한 경쟁 끝에 얻은 사람이었고, 남자는 그녀를 매우 주의 깊게 보호했으며, 집에는 그녀가 자유롭게 다닐 수 없도록 열쇠로 방을 잠갔습니다.

셋째 아내는 그와 정서적으로 매우 가까웠습니다. 그들은 서로의 기쁨과 슬픔을 함께 나누었고, 서로를 위로하고 격려했습니다. 넷째 아내는 거의 하인처럼 일하며 그의 일을 도왔지만, 남자는 그녀에게 무관심했고 감사함을 표현하지 않았습니다.

어느 날, 왕의 명령으로 남자는 먼 나라로 여행을 떠나야 했습니다.

그는 첫째 아내에게 동행을 부탁했지만, 그녀는 거절했습니다. 둘째 아내 역시 마찬가지로 거절했고, 셋째 아내는 국경까지만 배웅하기로 했습니다. 마지막으로 남자는 넷째 아내에게 부탁했을 때, 그녀는 망설임 없이 "당신과 어디까지라도 함께 가겠습니다."라고 응답했습니다.

마음이 '현세'와 '내세'를 연결한다

남자라면 '네 명의 아내가 있어서 부럽다.'고 생각할지도 모른다. 그러나 지레짐작하면 안 된다. 네 명의 아내를 갖는 것은 큰일이다. 기본적으로 편 가르기를 하지 못한다. 그래서 돈과 사랑을 공평하게 줘야 한다. 그것이 가능할까? 부럽다는 생각은 정말 천박한 생각임을 깨닫게 될 것이다. 여담은 이쯤 해 두자. 이 이야기는 《잡아함경》에 나오는 불교우화다. 남자가 살고 있는 나라가 '이 세상' 떠나는 나라가 '저 세상'이다. 그렇다면 네 명의 아내는 무엇을 의미하는가?

첫째 아내는 자신의 육체다. 인간이 자신의 몸을 사랑하는 모습은 첫 번째 아내를 사랑하는 모습과 다르지 않다. 그러나 죽어버리면 육체는 사라진다. 머지않아 재가 되고 흙이 된다. 둘째 아내는 자신의 재산이다. 아무리 힘들여 얻은 재산이라도 죽을 때 가져갈 수는 없다. 이

윽고 남의 것이 되어 버린다. 셋째 아내는 자신의 아내(혹은 가족, 친구)다. 죽을 때는 눈물을 흘리며 슬퍼해도, 결국은 무덤까지만 함께 할 수 있다. 그 후로는 홀로 여행을 하게 된다. 넷째 아내는 마음이다. 살아 있는 동안 인간은 눈에 보이는 것에만 열심히 하고, 눈에 보이지 않는 마음은 언제나 뒷전이다. 하지만 마음만 저승까지 함께 갈 수 있는 것이다.

네 명의 아내에 대해 이해하는 것은 어렵지 않을 것이다. 문제는 넷째 아내에 대한 해석이다. 육체는 사라져도 영혼(=영혼이나 마음)은 계속 존재한다고 생각하면, 이 말을 납득할 수 있다. 그러나 이 이야기는 불교우화다. 불교에서는 무아(無我)의 가르침, 즉 자기는 존재하지 않는다고 보는 것이 원칙이기 때문에 마음이 실체로서 존재하는 것은 이상하다.

석가가 불교를 창시하기 800년 전, 인도로 이주한 아리아인이 창시한 브라만교는 영혼의 존재를 믿었다. 사람이 죽으면 화장한 연기와 함께 영혼은 몸을 떠나 올라간다고 생각했다. 그러나 석가는 영혼에는 실체가 없다고 생각했기 때문에, 이 가르침을 부정했다. 그 논리가 불교경전인 《이입사행론》에 기록되어 있다. 이를 현대어로 번역하면 다음과 같다. 《살기 위한 철학》(시라토리 하루히코) "마음이라는 것이 처음부터 존재하는 것은 아니다. 마음이란 언제나 대상물에 의해 생긴다. 대상물이 마음이라는 것을 일으키는 것이다. 그러나 이 대상물도 마음에 의해서 대상물로 여겨지는 것에 지나지 않는다. 어느 쪽이나, 상대가 없으면 존재하지 않는다. 몸도 물건도, 그 자체로는 존재할 수 없다."

이 내용을 참고로 해석을 하자면, 넷째 아내가 실체적 마음이라고 설명하는 것은 무리가 있다. 마음은 사람의 몸속 어딘가에 존재하는 것이 아니라, 나와 다른 사람과의 관계성에 존재한다고 생각하면 되지 않을까. 무언가를 의식할 때 움직이는 것이 마음이다. 자신 이외의 인간이나 동물, 식물과의 관계를 소중히 여기며 사는 것, 상냥한 마음을 갖는 것 모두 마음을 움직이게 한다. 이 세상에서 마음이 움직인다면 저 세상에서도 마음의 움직임은 사라지지 않을 것이다. 자신이 생전에 접한 인간이나 동물, 식물의 의식 속에 '좋은 추억'으로 남는다. 매일 태어나는 사람과 죽는 사람이 있고 그 '좋은 추억'은 '현세'와 '내세'를 연결한다.

철학자 이마미치 도모노부는 《인생의 선물-네 가지 이야기》에서 철학자 가브리엘 마르셀과의 이별 장면을 회상한다. 프랑스에서의 유학을 마치고 일본으로 돌아가기 전에 마르셀이 물었다. "무슈 이마미치, 이제부터는 당신을 만날 수 없게 되겠네요. 사람이 다른 사람에게 보낼 수 있는 최고의 선물은 무엇이라고 생각하세요?" 여러 가지 생각나는 대로 말했지만, 모두 마르셀이 말하고자 하려던 것과 다르다고 했다. 그리고 마르셀은 말했다. "사람이 사람에게 줄 수 있는 가장 큰 선물, 그것은 '좋은 추억'입니다. 아무리 훌륭한 물건이라도 언젠가는 없어질 것입니다. 없어지지 않더라도 색이 바래버립니다. 그러나 좋은 추억은 평생 바뀌지 않습니다. 망가질 일도 없고 퇴색할 일도 없습니다. 평생 계속 할 거예요. 그리고 그것을 당신 자신에게 전해 준다면, 그 다음 세대의 마음에도 남을 거예요. 다른 사람으로부터 좋은 추억을 선물로 받으세요. 그리고 좋은 추억을 남에게 줄 수 있는 사람이 되세요."

'추억'에 대한 사고방식을 바꿔 봐도 좋다. 좋은 물건은 없어지지만 좋은 생각은 사라지지 않는다. 좋은 물건은 퇴색하지만, 좋은 생각은 퇴색하지 않는다. 좋은 생각이 여러 사람을 통해 전해지면 그 다음 세대 사람들 마음속에 남는다. 가령 한 사람이 자신의 좋은 생각을 100명에게 전했다고 하자. 그 100명이 각각 100명에게 전했다고 하자. 그러면 10,000명에게 전해진 것이다. 다음에는 100만 명, 그 다음은 1억 명이 된다. 그리고 그 다음은 100억 명이 되고 세계 인구를 초월하게 된다.

NO. 71

유충과 잠자리

　어느 연못에서 유충들이 살고 있었습니다. 이 유충들은 백합 가지를 타고 수면 위로 올라갔던 친구들이 왜 아무도 돌아오지 않는지 궁금해하며 서로 얘기를 나누었습니다.
　"다음에 누군가 수면에 올라가면 꼭 돌아와서 무슨 일이 일어났는지 말해줘야 해. 약속해!"
　어느 날, 한 유충이 백합 가지를 타고 수면으로 올라가다가 강렬한 변화를 느꼈습니다. 그는 수면에 다다랐고, 그곳에서 아름다운 날개를 가진 잠자리로 변신했습니다. 이 사실을 친구들에게 알리고자 연못의 수면 위를 날아다녔지만, 다른 유충들은 그가 잠자리로 변한 것을 인식하지 못했습니다.

죽으면 어떻게 될까

《사생관을 다시 묻다》(히로이 요시노리)와 이 이야기를 통해 내가 무엇을 어떻게 생각했는지 써보고자 한다. 죽음은 두 종류로 나뉜다. 하나는 '이별을 통한 죽음'이고, 다른 하나는 '무의 죽음'이다. 전자는 타인과의 이별을 의미하며, 후자는 '자신과의 이별', 즉 '의식하는 나, 그 자체와의 이별'을 의미한다. 죽음으로 인한 슬픔은 전자와 관계되며, 죽음으로 인한 두려움은 후자와 관계된다. 윤회전생을 암시하는 이 이야기를 읽다 보면 이런 슬픔과 두려움에서 조금 벗어날 수 있다. 인이라는 존재, 혹은 자신이라는 존재는 죽음으로 인해 없어지는 것이 아니라 어떤 형태로든 계속 존재한다. 그런 의미에서, 타자 혹은 나에게 '죽음'은 없다. 이는 '타인의 죽음'으로 인한 슬픔, '자신의 죽음'으로 인한 두려움을 극복하는 하나의 사생관(죽음을 통한 삶의 견해)이다.

어떤 사람이라도 나름의 사생관을 가지고 있다. 물론 명확한 사생관을 가지고 있는 사람은 소수일지도 모르지만, 전혀 가지고 있지 않은 사람은 없다. 대부분의 사람들은 희미한 사생관 또는 자신만의 사생관을 가지고 산다. 애당초 사생관이란 무엇인가? 어렵게 말하면, '삶과 죽음이, 우주나 생명 전체의 흐름 속에서, 어떠한 위치에 있으며, 어떠한 의미를 가지고 있는지에 대한 생각이나 견해'라고 말할 수 있다. 간단히 말하자면 '죽으면 어떻게 될까'에 대한 생각과 견해다.

사생관을 '생각하지 않는 사람'과 '생각하는 사람'으로 크게 나눌 수 있다. '생각하지 않는 사람'은 그 이유를 다음과 같이 설명한다. "요컨대 죽음이란 '무'이기 때문에, 죽음에 대해 이것저것 생각해도 생산적이지 않다. 현재의 삶에 충실한 것이 낫다." 혹은 "죽음의 세계는 불확실하다. 불확실한 것에 연연해서는 안 된다. 깊이 관여하지 않고 막연한 채 두는 것이다." 앞의 '죽음의 의미'에서 공자의 입장과 그 이유는 다르지만 정면으로 생각하지 않는다는 점에서 일치한다.

'생각하는 사람'은 네 가지로 나눌 수 있다. 네 가지는 모두 '우리는 어디에서 와서 어디로 가는가.'라는 물음에 대답한다. 그 내용은 다르지만 죽음은 끝이 아니라는 점에서 일치한다.

첫째는 육체는 사라져도 '영혼'은 계속 존재한다는 생각이다. 예를 들어 차가 육체이고 영혼이 운전사다. 차가 고장 나면 다른 차로 갈아타게 된다고 생각한다.

둘째는 자연의 세계로 돌아가면서 형태를 바꾸고 계속 존재한다는 생각이다. 토장이든 화장이든 사람의 육체를 구성했던 것은 분자 수준에서는 변화하지만 원자 수준에서는 변하지 않는다. 공기 중에 퍼지거나 물이나 흙 속에 녹아들거나 하면서, 머지않아 다른 생물의 일부가 된다. 이 지구나 우주에서 없어지는 것은 아니다.

셋째는 자신의 의식은 없어지지만, 형태를 바꾸어 윤회환생의 세계로 되돌아간다는 생각이다. 우리의 경우, 비교적 풍족한 자연 환경을 가지고 있어서 현세에 긍정적인 지향을 강하게 가지고 있으므로 윤회 전생 그 자체를 부정적으로 파악하지 않는다는 특징을 가지고 있다.

넷째는 죽음으로 인해 어떤 형태로든 '영원한 생명'을 얻겠다는 생각이다. 불교에서는 이 세상에는 괴로움(일체개고―切皆苦)이 있으니 현세의 세계에서 이탈해 시간을 넘나드는 영원한 생명 즉, 피안에 도달하는 것을 목표로 한다. 이렇게 네 가지로 분류해 보았지만 '나의 사생관은 이것이다.'라고 하나만 선택할 수 있는 사람은 거의 없지 않을까? 불확실한 것이니까 생각하지 말라고 해도 생각하게 되는 것이 인간의 본성이다. 죽으면 아무 것도 없다는 것도 쓸쓸한 생각이 든다.

우리의 사생관은 단층적이지 않고 중층적이다. 어느 것 하나 선택할 필요도 없고, 그때 상황에 따라 선택해도 무방하다.

미국에 프래그매티즘 Pragmatism이라고 불리는 철학이 있다. 《프래그매티즘 입문》(오오가 유키) 지금까지의 철학에서 진리란 사람 앞에 존재하는 것으로 생각되어 유일무이한 모습을 있는 그대로 파악하려고 노력해 왔다. 플러그매티즘은 어떤 사상이 사람들을 어떠한 행동으로 이끌어 가는가를 중시했다. 플러그매티즘의 입장에서는 어떤 문제를 해결하는데 있어서 어떤 것이 이익이 되어, 많은 사람들이 '옳다'고 생각하는 것을 잠정적으로 '진리'로 간주해왔다. 사람들의 삶의 방식이나 사회에 좋은 영향을 미치는 이론이나 이야기야말로 유용한 사상이라고 생각했다.

이런 관점에서 보면, 과학적으로는 잘못된 것일지도 모른다. 이를 증명하거나 기술하는 것이 불가능한 일이라도 이를 믿음으로써 좋은 삶을 살 수 있다는 생각은 '그것 나름대로 옳은' 생각이 된다. '생각하는 사람'의 사생관은 각각 나름대로 옳은 것이다.

어떤 상황에서든 세상만사를 생각하라

NO. 72

고마운 혹

옛날에 고마야 요시베라는 남자가 있었습니다. 이 남자는 매우 낙천적이었으며 불평을 하지 않았습니다. 어느 날, 그는 서둘러 외출하다가 문틀에 머리를 세게 부딪혀 만두처럼 부풀어 오른 혹이 생겼습니다. 하지만 그는 아프다는 말 한마디 없이 양손으로 혹을 문지르며 "고맙다."고 말하며 감사함을 표현했습니다. 이를 본 이웃이 의아해하며 물었습니다.

"요시베씨, 그렇게 큰 상처를 입었는데 무엇이 고마운가요?"

요시베는 이렇게 대답했습니다. "머리가 깨질 수도 있었는데, 단지 혹이 생긴 것으로 끝난 것이 얼마나 다행인지요. 그것이 고맙습니다."

가지고 있는 것을 세어보자

아파서 어쩔 수 없는데도 불구하고, 무리해서 참고 태연한 척 한 것이 아니다. 자신에게 일어난 작은 불운에 언제까지나 사로잡혀 있다고 해서 통증이 가라앉지는 않는다. 답답함이 북받쳐 오히려 통증이 더하기 쉽다. 그것보다는 그 정도로 일이 끝난 것이 행운이라고 생각하는 편이 훨씬 생산적일 것이다.

'유대인들은 다리가 부러져도, 한 쪽이라서 다행이라 생각하고, 두 다리가 부러져도 다행이라고 생각한다.'는 유대인 농담이 있다. 다르게 생각하면 더 이상 걱정할 것이 없다. 잃은 것을 생각하지 말라. 남은 것을 생각하라. 그리고 남은 것에 대해 감사하고 그것을 최대한 살리자는 것이다. 살아있기 때문에 걱정을 할 수 있는 것이다. 만약 목이 부러져 죽어버렸다면 걱정할 수조차 없다. 그러니까 목이 부러지지 않은 것에 감사하자. 한편으로 목이 부러져 죽어버리면 영원히 걱정으로부터 해방되는 것이기 때문에 그것도 좋은 일이라고 볼 수 있다.

NO. 73

하물며 늙은이

예전에 오미(近江)라는 나라에 불교 신자로 평소에 '하물며'라는 말을 자주 사용하여 '하물며 늙은이'라고 불리던 노인이 있었습니다. 뜨거운 날 길에서 사람들이 "정말 덥네요."라고 말하면, 이 노인은 "뜨겁지요. 인간의 세상이 이렇게 더운데, 하물며 불지옥은 얼마나 더울까요? 그것을 생각하면 이 정도 더위는 견뎌야 합니다."라고 대답하곤 했습니다.

추운 날에도 사람들이 "정말 춥네요."라고 인사하면, 노인은 "춥지요. 인간의 세상이 이렇게 춥다면, 하물며 추운 지옥은 얼마나 더 춥겠습니까? 그것을 생각하면 이 정도 추위는 견뎌야 합니다."라고 말했습니다.

이렇게 노인은 무슨 일에든 불평하지 않고, 항상 '하물며'라는 말을 되풀이하며 싱글벙글하게 생활했습니다. 그래서 사람들은 그의 본명을 잊고 '하물며 늙은이'라고 부르곤 했습니다.

완벽주의를 버리고 적당한 기준을 갖자

불평불만이 많은 사람의 특징은 기준치가 높다는 것이다. 반대로, 불평불만이 적은 사람의 특징은 기준치가 낮다는 것이다. '하물며 늙은이'는 극단적으로 기준치가 낮은 사람이다. 기준치를 낮춘 마음은 타인을 대하거나 회사에서 행동하는 방법을 생각하는데 있어서도 효과적이다. 타인이나 회사에 대해서 불평불만을 토로하는 사람은 예외 없이 타인이나 회사에 요구하는 기준치가 높다. 60점은 만족하지 못하고 항상 100점을 원한다. 100점의 이상과 60점의 현실이 불평불만을 낳는다. 하지만 모든 사람은 만점 인간이 아니다. 회사도 마찬가지여서 만점 조직이 아니다. 모두 장단점을 가지고 있다. '인간미가 있는 사람', '완벽하지 않은 회사'이다. 완벽주의를 버리고 적당한 기준을 가지고 살아가자. "뭐, 세상이 다 이런 거지."하는 태도로 싱글벙글 웃으면서 생활하는 것이 현명하다.

NO. 74

여우와 포도

굶주린 여우가 선반에 놓인 포도송이를 보았습니다. 당장 따먹고 싶었지만, 손이 닿지 않았습니다. 여우는 그곳을 떠나면서 이렇게 말했습니다.

"저 포도는 덜 익어서 맛없을 거야."

불평보다 포기가 더 낫다

유명한 이솝 우화이다. 이 이야기는 사람은 자신의 힘으로 할 수 없으면 다른 탓을 하여 핑계삼는 경우가 많다는 것을 알려준다. 이 여우는 포도를 먹고 싶었다. 하지만 노력해도 손이 닿지 않는 것을 알았을 때 '포도가 맛이 없다.'는 식으로 생각을 바꿨다. 그렇게 함으로써 마음의 평안을 얻은 것이다. 라퐁텐은 이 우화를 번안해서 '불평하는 것보다 낫다.'는 교훈을 말해 주었다. 라 퐁텐은 무조건 억지를 부리는 것이 아니라 '불평하는 것보다 낫다.'는 관점으로 포기를 통해 얻을 수 있는 것을 말하고 있다. 억지 부리는 태도를 훈계하는 다른 이솝우화의 교훈과는 조금 다르다.

실생활에서 여우와 같은 경험을 했을 때, 우리는 어떻게 해야 할까? 최악의 선택은 '놓쳐버린 것이 너무 아쉽다.'며 계속 투덜대며 불평을 늘어놓는 것이다. 가장 좋은 것은 실패한 원인을 찾아내어 다음에 같은 일이 일어날 때는 성공할 수 있도록 자기 훈련을 쌓는 것이다. 그러나 인생의 모든 문제에 이렇게 적용할 수는 없다. 스스로 어찌할 수 없는 문제도 많기 때문이다. 그럴 때는 '이미 놓쳐버린 것은 무용지물이다.'라고 웃어넘기는 것이 좋다. 이성에게 거절당했거나 회사에서 승진을 못했을 때, 이 격언을 떠올리면 좋을 것이다.

NO. 75

참는 것은 한 번

    어느 마을에 인내심이 뛰어난 남자가 살고 있었습니다. 그는 결코 화를 내지 않았기 때문에 많은 이들로부터 존경을 받았습니다. 그러나 몇몇 젊은이들은 그의 인내를 시험해 보고 싶어 했습니다.

    처음에 두 명이 그를 뒤따라가서 머리를 열 번 쳤지만, 그 남자는 아무 반응도 보이지 않고 그냥 걸어갔습니다. 이어서 다섯 명이 달려와 다시 열 번 더 때렸지만, 남자는 여전히 조용히 걸어갔습니다. 마지막으로 열 명이 그를 둘러싸고 맹렬히 때렸지만, 그는 여전히 화를 내지 않고 차분하게 걸어갔습니다.

    결국 젊은이들은 지쳐서 포기했습니다. 한 젊은이가 다가가 말했습니다. "당신은 정말 놀라우십니다. 우리가 얼마나 때려도 당신은 전혀 화를 내지 않습니다. 저희가 잘못한 것을 용서해 주시고, 어떻게 그렇게 참을 수 있는지 가르쳐 주십시오."

남자는 미소를 지으며 대답했습니다. "그건 복잡한 일이 아닙니다. 머리를 오백 번 맞아도 참는 것은 한 번뿐이죠. 처음의 참음이 전부입니다."

스트레스는 우선 순위를 세우고 해결하라

인내는 신체적, 정신적 고통을 참는 것이다. 신체적, 정신적 고통은 스트레스이다. 우리는 일상생활 속에서 많고 적은 스트레스를 느끼고 있다. 스트레스는 쌓아 두지 않는 것이 좋다. 스트레스를 쌓아 두지 않는 것은 스트레스 해소하는 것을 미루지 않는 것이다. 가능한 한 하나씩 그 자리에서 처리해 나가는 것이다. 스트레스는 하루 단위로 해소하는 것이 좋다. 쌓인 스트레스를 주말에 한꺼번에 풀려는 생각은 바람직하지 않다.

구체적인 스트레스 해소 방안을 생각해 보자. 스트레스가 쌓이기 쉬운 사람은 스트레스의 원인이 되는 문제점을 가로로 나열하는 경향이 있다. 계속 늘어놓는다는 것은 이들을 똑같이 취급한다는 것이다. 문제가 나열되어 있을 뿐, 정리 정돈이 되지 않은 상태이다. 이러한 상태가 되면 문제를 해결해 나가는 속도보다 스트레스가 쌓여 가는 속도가 빨라, 점점 스트레스가 쌓일 수밖에 없다. 하지만 스트레스를 즉각 해소하는 사람은 스트레스의 원인이 되는 문제점을 세로로 나열하는 경향에 있다. 큰 스트레스의 원인이 되는 문제점 중에서, 작은 노력으로 해소할 수 있는 것을 제일 위에 두고 그 반대를 제일 아래에 둔다. 그리고 위에서부터 순서대로 정리해 간다. 이렇게 하면, 스트레스가 쌓여 가는 속도보다 문제를 해결해 나가는 속도가 빠르기 때문에, 스트레스가 쌓이게 될 일은 없다.

  물론 스트레스가 쌓이기 전에 스트레스를 애초부터 적게 느끼는 것이 낫다. 방법은 두 가지이다. 하나는 완벽을 추구하지 않는 것이다. 어깨의 힘을 빼고 "100점이 아니더라도 80점이라도 괜찮아."라고 생각하는 것이다. 사실 일을 하다보면 한 가지를 100점 맞는 것보다 두 가지를 80점 맞는 것이 중요할 때도 많다. 다른 하나는 다른 사람에게 도움을 구하는 것이다. 사람은 희한하게도 남을 도왔을 때 행복감을 얻는다. 왜냐하면 "누군가에게 힘이 되었다."는 것을 통해 자신의 유능함을 재확인할 수 있기 때문이다. 따라서 자신이 곤란할 때는 주위에 도움을 청하자. 주저할 필요는 없다. 도움을 구하는 것은 상대가 행복해지도록 나 또한 '돕는 것'이니까.

NO. 76

당나귀와 부자(父子)

어느 마을에 아버지와 아들이 당나귀를 시장에 팔기 위해 몰고 가고 있었습니다. 두 사람은 먼지가 날리는 길을 걷고 있었는데, 우물에서 물을 퍼가던 여자 아이들이 그들을 보고 이렇게 말했습니다. "둘 다 당나귀에 타지 않고 걸어가다니 정말 어리석은 사람들이네! 당나귀는 편하게 걷고 있어." 이 말을 들은 아버지는 아들을 당나귀에 태웠습니다.

더 걸어가다 그들은 노인들이 모닥불을 피우며 앉아 있는 곳을 지났습니다. 노인 중 한 명이 말했습니다. "요즘 젊은이들은 어른을 공경하지 않는가 보다. 나이든 아버지가 힘겹게 걸어가는데 젊은이는 당나귀에 편안히 앉아 있으니 참으로 무례하군." 이 말을 들은 아버지는 고개를 끄덕이고 아들을 내려 당나귀에 자신이 탔습니다.

그들이 길을 계속 걷다가 아이를 안고 있는 세 여자를 만났습니다. 한 여자가 비판적으로 말했습니다. "그런 나이 많은 아버지가 당나귀를 타고 아이가 피곤해 보이는데 걷게 한다니, 정말 부끄러운 일이야." 아버지는 다시 한 번 생각하고, 아들을 당나귀의 앞쪽에 앉혔습니다.

잠시 후, 그들은 몇몇 젊은이들을 만났습니다. 한 젊은이가 크게 말했습니다. "당나귀가 그렇게 작은데 어른과 아이 둘이 타다니, 그것은 무자비한 동물 학대야!" 이 말을 들은 아버지와 아들은 당나귀에서 내려서, 당나귀를 짊어지고 가기로 결심했습니다.

두 사람은 당나귀의 다리를 밧줄로 묶고 큰 막대기로 받쳐 당나귀를 메었습니다. 아버지는 한쪽 끝을, 아들은 다른 쪽 끝을 들고 걸었습니다. 이 장면을 본 마을 사람들은 그 광경을 보고 손뼉을 치며 웃었습니다.

미움 받는 것은 자유롭다는 증거다

이 이야기의 교훈은 '모든 사람 마음에 들 수 없다.'는 것이다. 세상에는 여러 사람이 있다. 사람은 각자 자신의 입장에서 말한다. 이 이야기에서는 여자의 입장, 노인의 입장, 세 여자들의 입장, 젊은이의 입장 등 각각이 각각의 입장에서 아버지와 아들에게 자신의 생각을 털어놓고 있다. 물론, 각각의 조언에는 일리가 있다. 그러나 일리가 있을 뿐이다.

　조금 다른 각도에서 생각해 보자. '모든 사람의 마음에 들 수 없다.'는 교훈은 '누군가에게 미움 받는 것을 두려워하면 안 된다.'로 바꿔볼 수 있다. '허벅지에 붙인 고약처럼 줏대 없이 이쪽저쪽 붙는다.'는 말을 떠올려보자. 허벅지에 붙은 고약이 오른쪽에 닿았다가 왼쪽에 닿았다가 하듯이 확실한 의견이나 주장 없이 형편에 따라 입장을 바꾸는 것을 뜻한다. 여기서는 그러한 인물을 뜻한다. 이 부자는 바로 그런 상태에 빠져 있다. 조직 안에서 일을 하다 보면 이런 '고약'과 같은 상태에 빠지는 일도 적지 않다. 과장되게 말하자면, 이 부자는 '인간으로서의 자유'를 포기했다고 할 수 있다. 자신을 싫어하는 사람이 있다는 것은 자신이 자유롭게 사는 것에 대한 대가이며, 자신이 자유롭게 살고 있다는 증거이다. 타인에게 미움을 받아도 상관없다고 생각하는 것, 타인의 평가에 신경 쓰지 않는 것이 자유롭게 살기 위한 출발점이 된다.

　'모든 사람의 마음에 들 수 없다.'는 교훈에서 생각해볼 수 있는 것은 '모든 것을 얻는 것은 불가능하다.'는 것이다. 자막 번역가인 토다 나츠코는 자신의 인생을 다음과 같이 돌아보고 있다. "결혼도 안하고 아이도 없어. 되돌아보면 버린 것도 많고, 좋아하는 것을 계속 쫓은 자신을 '비겁하다'고 생각할 때도 있지만 'You cannot have everything.(모든 것을 손에 넣을 수는 없다.)'라는 말을 통해 자신에 대해 깨닫고 있습니다."《요미우리 신문》(2017년 8월 8일)

선택은 무언가를 택하고 무언가를 버리는 것이라고 말하는 사람도 있다. 둘 다 택하려다가 둘 다 잃는 경우가 종종 있다. 어느 하나를 택하지 않고 모든 것을 갖고 싶은 것이 사람의 마음이다. 예를 들어, 일과 가정과 취미를 어떻게 양립시켜 나갈 것인가를 생각할 때, 어느 하나만 택하라는 말을 들으면 곤란해진다. 가능하다면 모든 것을 갖고 싶다고 생각한다. 아닌가?

그럴 때는 어떤 실용적인 조언이 가능할까. 하나는, 모든 것을 손에 넣는 것이 동시에 이루어지지 않아도 된다는 것이다. '모든 것을 손에 넣는다.'는 목표를 '오랜 시간에 걸쳐서 이루겠다.'로 바꾸는 것이다. 다른 하나는, 완전한 것을 손에 넣기를 바라지 않는 것이다. 조금은 불완전하지만 좋은 의미에서 적당해지는 것, 그리고 적당한 부분에서 만족하는 것이다. 이 두 가지 법칙을 지키면 모든 것을 얻는 것도 불가능하지 않다. 건투를 빈다!

NO. 77

스님의 유언

어느 스님이 마지막 순간에 "불교나 대덕사 중에 하나가 망하는 큰일이 생기면 이 상자를 열어 보거라."라고 유언하며 제자에게 상자를 건넸습니다. 오랜 시간이 흘러 대덕사에 중대한 문제가 발생하여 그 해결책을 찾지 못하던 중, 제자는 스님의 유언을 떠올렸습니다. 스님들이 모여 상자를 열었을 때, 그 안에서 발견된 것은 단 하나의 종이였고, 그 위에는 "될 대로 될 것이니 걱정하지 말라."라고 적혀 있었습니다.

'될 대로 될 것이다'라고 생각하기 전에

마지막에 나오는 "될 대로 될 것이다. 걱정하지 말라."라는 말은 "어차피 될 대로 될 테니까 신경 쓰지 말라."라는 뉘앙스와는 다르다. 처음부터 결과는 뻔하니까 악착같이 쓸데없는 노력을 해도 어쩔 수 없다, 이래저래 걱정해도 소용없다는 메시지가 아니다. "될 대로 된다, 걱정하지마라."라는 말 이전에 "해야 할 일은 하라."는 메시지가 전제로 숨겨져 있는 것은 아닐까? 생략된 글을 보완하면, 마지막 문장은 "해야 할 것은 해라. 다음은 될 대로 될 것이다. 그러니 걱정하지 말라."라는 뜻이 된다.

'되다'와 '되게 하다'는 짝을 이루는 말이다. 모두 '일어나다, 생기다'는 뜻을 가지고 있으며 그 의미는 '발생'이다. 영어로 말하자면 happen이며, 사태의 성립을 나타내는 말이라는 점에서는 양자는 같다. 다른 것은 뒤에 글자이다. '되게 하다'라는 뜻은 사역동사(=someone makes things happen)이므로, 의지에 뒷받침된 행위를 나타낸다. 한편, '되다'라는 뜻은 자동사(= things just happen)이므로, 자연적인 사건을 나타낸다. 전자는 '바꿀 수 있는 것', '영향을 미칠 수 있는 것', '조절할 수 있는 것'(인위)이며, 후자는 '바꿀 수 없는 것', '영향을 미칠 수 없는 것', '조절할 수 없는 것'(자연)이다.

큰일을 앞두고 할 일을 하지 않고 "될 대로 되라."라고 하며 손을 놓으면 안 된다. 팔짱을 낀 채 지나간 일을 떠올리며 후회하면서 올지 안 올지 모르는 미래를 고민해도 소용이 없다. 그저 해야 할 일을 하는 것이다. 모두 머리를 맞대고, 눈앞에 있는 것 중에서 스스로 할 수 있는 일을 하나씩 정리해 나간다. 그러면, 자연히 사태는 호전되어 갈 것이 틀림없다. 자신의 힘이 미치지 못하는 것은 어쩔 수 없다 해도 자신의 힘이 미치는 것에 대해서는, 모두의 지혜와 땀을 모으고 힘을 다해야 한다. 그러면 나중에는 '될 대로 될' 것이다. 즉, 될 일은 될 것이고 되지 않은 일은 되지 않을 것이다. 이것은 자신의 힘이 미칠 수 없는 영역이다. 걱정해도 어쩔 수 없는 것이다. 어느 쪽이 되어도 "네, 알겠습니다."라고 받아들일 수밖에 없다.

77가지 이야기를 통해 배우는
삶의 지혜

개정판 1쇄 인쇄 2024년 5월 25일
개정판 1쇄 발행 2024년 6월 5일

지은이 도다 도모히로
펴낸곳 도서출판 THE 북

출판등록 제2019-000021호 (2019년 2월 15일)
주소 서울특별시 영등포구 양평로12가길 14 310호
전화 02-2069-0116
이메일 thebook-company@naver.com

편집 편집부
디자인 김태수
마케팅 ㈜더북앤컴퍼니

값은 뒤표지에 있습니다.
ISBN 979-11-976185-1-2

- 잘못 만들어진 책은 구입하신 곳에서 바꾸어 드립니다.
- 이 책은 저작권법에 의해 보호를 받는 저작물이므로, 서면을 통한 출판권자의 허락 없이 내용의 전부 또는 일부를 사용할 수 없습니다.

이 도서의 국립중앙도서관 출판예정도서목록(CIP)은 서지정보유통지원시스템 홈페이지(http://seoji.nl.go.kr)와 국가자료종합목록 구축시스템(http://kolis-net.nl.go.kr)에서 이용하실 수 있습니다. (CIP제어번호 : CIP2020000006)